Robson Camargo

PM VISUAL
Project Model Visual

Gestão de projetos simples e eficaz

SOMOS EDUCAÇÃO | **saraiva** uni

Av. das Nações Unidas, 7221, 1º Andar, Setor B
Pinheiros – São Paulo – SP – CEP: 05425-902

SAC
0800-0117875
De 2ª a 6ª, das 8h às 18h
www.editorasaraiva.com.br/contato

Diretoria executiva	Flávia Alves Bravin
Diretoria editorial	Renata Pascual Müller
Gerência editorial	Rita de Cássia S. Puoço
Coordenação editorial	Fernando Alves (coord.)
Edição	Ana Laura Valerio
	Neto Bach
	Thiago Fraga
Produção editorial	Alline Garcia Bullara
	Amanda M. Loyola
	Daniela Nogueira Secondo
	Estela Janiski Zumbano
Serviços editoriais	Juliana Bojczuk Fermino
Revisão	Ana Maria Fiorini
Produção e arte 1ª edição	MSDE / MANU SANTOS Design
Produção e arte 2ª edição	Negrito Produção Editorial
Ilustrações	MSDE / MANU SANTOS Design
Imagens	© Thinkstock Qvasimodo,
	© Thinkstock/ Neyro2008,
	© Thinkstock/ Lesia_G,
	Acervo pessoal do autor
Ilustração capa	© iStock / Getty Images Plus/ Neyro2008
Impressão e acabamento	Vox Gráfica

383.059.002.001

ISBN 978-85-53131-69-3

DADOS INTERNACIONAIS DE CATALOGAÇÃO NA PUBLICAÇÃO (CIP)
ANGÉLICA ILACQUA CRB-8/7057

Camargo, Robson
    PM Visual – Project Model Visual: gestão de projetos simples e eficaz / Robson Camargo. – 2. ed. – São Paulo: Saraiva Educação, 2019.

    ISBN 978-85-53131-69-3

    1. Administração de projetos I. Título

18-1792   CDD 658.404
     CDU 658.012.2

Índice para catálogo sistemático:
1. Administração de projetos

Copyright © Robson Alves de Camargo
2019 Saraiva Educação
Todos os direitos reservados.

2ª edição

Nenhuma parte desta publicação poderá ser reproduzida por qualquer meio ou forma sem a prévia autorização da Saraiva Educação. A violação dos direitos autorais é crime estabelecido na lei n. 9.610/98 e punido pelo artigo 184 do Código Penal.

EDITAR 8717   CL 651710   CAE 641468

Agradecimentos

Este livro é fruto do trabalho de uma equipe, à qual eu gostaria de agradecer:
Toda a equipe da Editora Saraiva, pela competência, dedicação e carinho dispensados durante todos os trabalhos.
Quero agradecer, em especial, ao professor Danúbio Borba, um dos maiores geradores de conhecimento da área de Gerenciamento de Projetos que o mundo já teve, o qual tive o privilégio de conhecer.
Foi ele quem me abriu muitas portas nessa área quando iniciei, e tem meu eterno carinho e agradecimento.
Quero agradecer também aos meus pais, Santino e Joana, e ao Dr. Celso Charuri, que me permitiram a oportunidade da vida e da Vida.
E, finalmente, agradeço à minha família, à minha esposa Satiko e aos meus dois filhos, Luca e Guilherme, por termos uma linda família, que é um dos sustentáculos do meu equilíbrio.

Sobre o autor

Robson Alves de Camargo é um reconhecido consultor especialista no tema de Gerenciamento de Projetos que atua em toda a América Latina, fazendo trabalhos de consultoria e ministrando treinamentos para empresas de vários tamanhos e diversos segmentos, tais como óleo e gás, construção civil, tecnologia da informação, alimentos, indústria automobilística, serviços, varejo e indústria de bens de capital.
Atua como professor de Gerenciamento de Projetos nas três maiores escolas de negócio do país – Fundação Getulio Vargas (FGV), Fundação Instituto de Administração (FIA) e Fundação Dom Cabral –, além de ser instrutor da George Washington na América Latina.
É um dos criadores da mais famosa dinâmica de Gerenciamento de Projetos, a Ponte PMU, que já recebeu diversos prêmios como a melhor dinâmica vivencial para a prática de Gerenciamento de Projetos. Robson tem MBA em Administração de Projetos pela Faculdade de Economia, Administração e Contabilidade da Universidade de São Paulo (FEA/USP) e Master Certificate em Gestão de Projetos pela George Washington University. Também é certificado pelo Project Management Institute (PMI®) como Project Management Professional (PMP®) – e é o instrutor que mais preparou profissionais para obter essa certificação em toda a América Latina.

Prefácio

Existem muitas perguntas...

Qual a melhor maneira de planejar um projeto? CANVAS do PM VISUAL, PM VISUAL COMPLETO ou PLANO DE PROJETO COMPLETO TRADICIONAL? O que será esse CANVAS e o que será esse PM VISUAL?

Será que esses tais de CANVAS e PM VISUAL substituem a pasta detalhada de um Plano de Projeto completo, tradicionalmente conhecido? Ou serão apenas ótimos instrumentos para quem não gosta de "perder" tempo planejando projetos por serem formas rápidas de planejar?

Será que o tempo usado no planejamento pode ser economizado indo direto para a execução? Então por que os projetos que não são planejados têm apenas 2,25% de chances de sucesso? Será que os americanos, japoneses, alemães, que têm a cultura de planejamento, estão errados?

Por que será que muitas pessoas não elaboram um Plano de Projeto? Por falta de tempo? Por não saberem como fazê-lo? Por cultura? Por acharem que ele não agrega nada? Pela ansiedade de querer sair fazendo? Por que o chefe acha que não ajuda em nada e é só perda de tempo, afinal, o prazo já foi prometido mesmo e não vai adiantar de nada? Ou seria simplesmente por mera "desculpa"?

Qual a melhor ferramenta para planejar um projeto: um *software* ou a velha dupla "papel e lápis"? Qual o ingrediente mais importante durante o planejamento de um projeto: a inteligência e o conhecimento dos *stakeholders* a respeito do projeto ou um *software*?

O fato é que elaborar um Plano de Projeto muitas vezes é trabalhoso, toma tempo e muitas pessoas não gostam de fazer, como numa viagem de férias – há pessoas que gostam de detalhar todo o roteiro e há outras que pensam o contrário, principalmente por se tratar de "férias".

Este livro se propõe a responder muitas das perguntas feitas acima, colocar alguns pingos nos "is", e, principalmente, definir o que é e como utilizar esta nova abordagem, o PM VISUAL: a mais inovadora maneira para planejar um projeto de forma rápida, colaborativa e eficaz, utilizando conceitos da neurociência, comprovadamente já utilizada por grandes empresas do país e do mundo.

Sim. Durante as minhas andanças por esse Brasil e por toda a América Latina afora, ministrando aulas, treinamentos, fazendo trabalhos de consultoria em projetos, implementando metodologias e escritórios de projeto, criei uma forma de planejar um projeto em no máximo 8 horas de trabalho, a qual batizei de PM VISUAL,

Prefácio

mas será que há uma fórmula mágica para planejar um projeto em 8 horas e obter 68% de confiabilidade de cumprir o prazo e o orçamento?

PM VISUAL significa Project Model Visual. As bases que utilizei para criar essa metodologia foram:

1. criar uma forma rápida e eficiente de elaborar um Plano de Projeto;
2. aumentar efetivamente as chances de sucesso de um projeto;
3. eliminar o trauma e a imagem de que planejar um projeto é algo difícil e que perde tempo;
4. utilizar a forma que o cérebro entende melhor: mais por imagens do que por palavras;
5. utilizar-se do conhecimento de que os resultados obtidos de forma colaborativa são muito melhores do que os obtidos individualmente;
6. utilizar de maneira simples "o papel", inicialmente, e depois colocar os dados em uma mídia eletrônica, o qual o PM VISUAL também já possui – um *software* para armazenar os resultados do planejamento.

O mais importante é juntar pessoas no início do projeto e coletar suas ideias.

Com o uso do PROJECT MODEL VISUAL, esperamos que os seguintes benefícios sejam proporcionados a todos os projetos de quaisquer tamanhos e graus de complexidade:

- Várias pessoas participam do planejamento do projeto bem cedo, incluindo altos executivos. Portanto, ao participar, estes irão enxergar todo o trabalho, podendo influenciar as tomadas de decisão logo no início do projeto.
Várias cabeças com conhecimento e experiências diferentes participam das discussões e, portanto, da construção do plano do projeto de forma muito mais completa.
Diversas discussões são percorridas logo no início do projeto, tomando-se decisões que diminuem aquelas grandes mudanças futuras – atenção: eu disse "que diminuem", e não "que acabam".
- O formato VISUAL permite um **melhor entendimento de todos**.
- **O Plano do Projeto estará na cabeça de vários e não somente na cabeça do gerente do projeto.**
- O executivo verá a importância do planejamento, e, por vezes, ele próprio pedirá que o gerente do projeto faça um maior detalhamento.
- 68% de confiabilidade no prazo e no custo estimados.
- Rápido: 1 dia de 8 horas para planejar.

 O principal: o projeto terá um PLANO DE PROJETO bem elaborado e terá o comprometimento de várias pessoas logo no início do projeto.

Portanto, espero que você desfrute do livro e desejo que ele possa ser muito útil em todos os seus projetos, tanto profissionais quanto pessoais, e que possa modificar a forma de planejar seus projetos de agora em diante.

Que haja um "antes" e um "depois" deste livro. E como dizem os americanos, *"Enjoy it". Desfrute! Aproveite!*

Robson Camargo

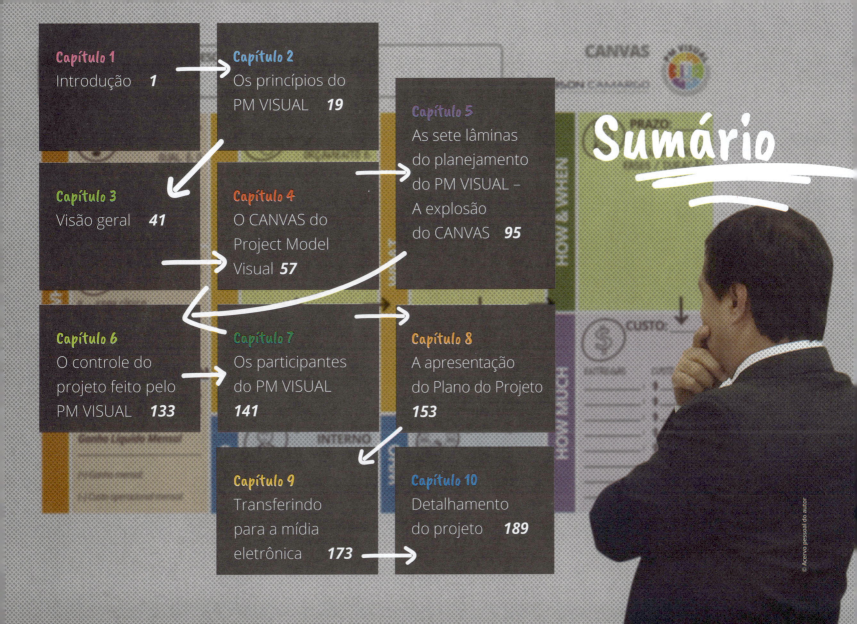

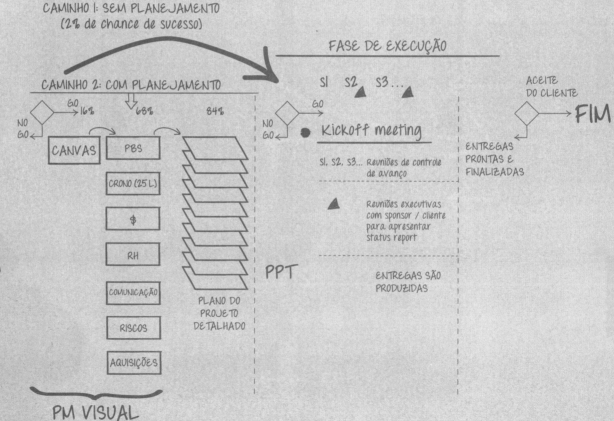

1
INTRODUÇÃO

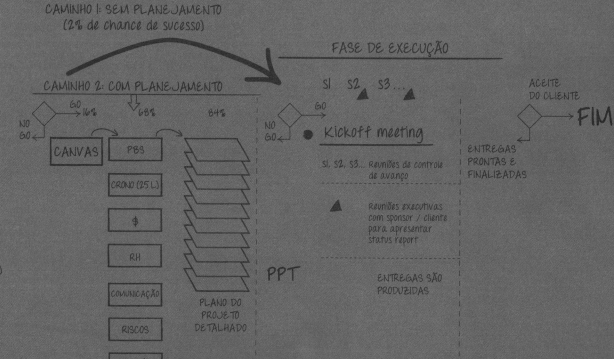

Introdução — CAPÍTULO 1

1.1 O planejamento de projetos no Brasil e no mundo

Muitas empresas por onde passamos dizem que planejam seus projetos. Porém, quando olhamos de perto, notamos que, na realidade, poucas pessoas fazem de fato um planejamento completo e eficaz.

Entre as principais causas disso, encontramos: a falta de tempo, a falta de conhecimento em como planejar, a quantidade de projetos em que os gerentes de projeto são alocados, a falta de envolvimento das principais pessoas para ajudar no planejamento do projeto, a falta de cultura, a percepção equivocada de que planejamento é perda de tempo ou mera burocracia, dentre outras.

No exterior, em países em que as pessoas têm por hábito planejar projetos, tais como Alemanha, Japão, Estados Unidos e Inglaterra, o índice de sucesso quanto à conclusão dentro do prazo, do orçamento e de obtenção dos resultados desejados pela organização giram em torno de 80%.[12] No Brasil, esse número dificilmente passa dos 20%.

> Estudos mostram que, quando o Plano do Projeto é escrito, as chances de sucesso aumentam em cerca de 60% em comparação com os resultados dos projetos em que o planejamento não é elaborado.[10]

O percentual de tempo dedicado ao planejamento nesses países, nos casos de sucesso, é cerca de 20% a 25% de todo o projeto,[12] ao passo que, no Brasil, são apenas 20 a 25 minutos de dedicação ao planejamento, e quase apenas mentalmente. Claro que "20 a 25 minutos" é uma brincadeira... ou não? A realidade, infelizmente, é que no Brasil se constata que a dedicação ao planejamento não é muito diferente disso, afinal, somos considerados mundo afora como o povo do "jeitinho", do "improviso", da "proatividade", do "jogo de cintura", da "maleabilidade" e da "criatividade". Sem entrarmos no mérito de julgamento de sermos melhores ou piores, mas será que, para trabalhar com projetos, esse jeito de ser é o que traz os melhores resultados? Os países que citamos estão sempre, "coincidentemente", entre as principais economias do mundo. Portanto, cabe aqui uma pergunta: por que não planejar direito?

Muitos gerentes de projetos "entram numa fria" no começo do projeto. Recebem um desafio do seu cliente com prazos curtos e pouco dinheiro – situação muito comum para quase todos que trabalham com projetos no Brasil. Mas por que alguns executivos prometem o projeto para alguém em prazos e orçamentos tão ousados? Eles dizem que precisam entregar o projeto dentro de tais restrições, pois foram impostas pelo cliente ou pelo chefe do chefe, ou, ainda, por um motivo de mercado; e o fato é que, se não o entregar, o gerente de projeto ficará numa situação complicada na empresa, podendo sofrer uma represália e até ser mandado embora. Normalmente, as datas impostas são as oportunidades do momento para o negócio.

Cabem então duas perguntas que faço constantemente aos gerentes de projeto:

Robson Camargo (RC): *"Quando você recebe um projeto com prazo curto, por que você, como gerente de projeto, não para, desenvolve opções consistentes, faz um bom planejamento do projeto e apresenta para seu cliente ou para seu chefe?"*

Respostas possíveis que recebemos dos gerentes de projeto (GP):

GP: *"Não dá tempo de planejar", "planejar dá muito trabalho", "toma muito tempo", "a metodologia na minha empresa é burocrática", "meu chefe não dá o mínimo valor para o planejamento", "minha empresa não tem essa cultura", "você não conhece a minha empresa... isso seria um sonho, mas é impossível" [entre outras tantas respostas possíveis].*

E a segunda:

RC: *"Cada projeto tem tamanhos, graus de complexidade, custos, riscos, durações, número de pessoas envolvidas, ou seja, características particulares e diferentes. Assim sendo, por que não usar formas diferentes de planejar? Para alguns projetos, pouco tempo de planejamento, não tão detalhado. Para outros, um pouco mais de tempo e de detalhes; e para outros, ainda, um planejamento ainda mais demorado e portanto ainda mais detalhado? Isso não seria o ideal?"*

GP: *"Isso seria ótimo! Mas não faço porque..."*

RC: *"Então, espero que você goste e curta o CANVAS de projetos do PM VISUAL e o PM VISUAL completo, que é a composição do CANVAS mais a explosão do CANVAS".*

Introdução **CAPÍTULO 1**

1.2 O CANVAS do PM Visual, o PM Visual Completo e o Plano de Projeto Detalhado

Será que um PLANO DE PROJETO COMPLETO (ou seja, a "pasta chiquetosa", que é como eu chamo carinhosamente uma pasta na qual detalhamos todos os documentos), feito de forma tradicional, extremamente detalhado, pode ser substituído por um "simples" CANVAS, feito em duas horas? Ou seja, um conjunto de informações, colocadas em uma única folha, com Post-Its®? Veja abaixo:

"PASTA CHIQUETOSA"

* Termo de abertura/CANVAS
* Especificação de escopo + **PBS** – Estrutura de Decomposição de Produto (do inglês, *Product Breakdown Structure*) + **WBS** – Estrutura Analítica do Projeto (do inglês, *Work Breakdown Structure*)
* Cronograma detalhado
* Orçamento detalhado
* Matriz de responsabilidades + Organograma
* Planejamento de reuniões + Plano de comunicação
* Mapa de aquisições + Especificações
* Riscos → Ações

≠

Canvas de projeto do PM VISUAL

WHY & WHERE	WHAT	WHAT	HOW & WHEN	
JUSTIFICATIVA — Qual é o cenário atual?	**RESTRIÇÕES** — Orçamento e prazo limite	**ENTREGÁVEIS** — Produtos gerados pelo projeto	**PRAZO:** ___ Entregas ou fases / duração	
OBJETIVOS SMART — S - Específico / M - Mensurável / A - Atingível / R - Realista / T - Tempo	**REQUISITOS** — O que os stakeholders querem? Principais / demais			
	RISCOS — O que pode inviabilizar o projeto?	**CUSTO:** ___ Entregas / Custos		
BENEFÍCIOS — Payback — GANHO LÍQUIDO MENSAL (+) Ganho bruto mensal (−) Custo operacional mensal	**STAKEHOLDERS PRINCIPAIS / DEMAIS STAKEHOLDERS** (WHO)	**EQUIPE** — Áreas envolvidas na implementação (WHO)	HOW MUCH	

5

Em 2012, surgiu no Brasil o uso do CANVAS de Projetos (CANVAS = Tela) no mercado de Gerenciamento de Projetos, cuja ideia inicial é fazer um Plano de Projeto utilizando uma folha de papel do tamanho A1 (que é o tamanho de uma folha de *flip chart*), dividida em várias partes e cuja elaboração é feita com Post-Its®.

Por algum tempo, muitos o adotaram de forma desenfreada, como uma forma de planejamento que pode ser utilizada indistintamente em todos os projetos, de qualquer tamanho e grau de complexidade, substituindo completamente um Plano de Projeto detalhado da forma tradicional. A pergunta é: será que, na realidade, é isso mesmo? Será que o CANVAS isolado equivale de fato a um Plano de Projeto detalhado e completo? Ou seria apenas o equivalente ao Termo de Abertura? Ou será que equivale a um Plano de Projeto em alto nível – ou seja, em nível macro? Ou, ainda, um Plano de Projeto completo apenas para pequenos projetos?

Fazendo um paralelo com uma dieta, por exemplo, quem não gostaria de ter uma bela silhueta sem precisar adotar

Será possível??

Introdução **CAPÍTULO 1**

um cardápio diferente do acostumado, trabalhoso, com várias regras, além dos muitos exercícios físicos necessários? E em vez de tudo isso, apenas tomar um comprimido de um remédio qualquer para obter o mesmo resultado? **Seria ótimo, não?** Mas será que isso é possível? Ou é apenas propaganda de alguns fabricantes para vender fórmulas mágicas?

Sabemos que muitas pessoas não gostam nem de pensar em fazer um Plano de Projeto muito detalhado, extenso, trabalhoso, o qual vai gerar uma pasta com tantos documentos que talvez ninguém nem queira ler. Entretanto, como gerenciar um projeto grande, como a construção de uma usina hidrelétrica ou a construção de uma fábrica, por exemplo, baseado somente em um Plano de Projeto feito apenas com Post-Its®, em duas horas? Sem definir detalhadamente o escopo, sem um cronograma detalhado, sem um fluxo de caixa financeiro, sem uma definição clara de papéis e responsabilidades, sem um plano de comunicações, sem um planejamento das reuniões necessárias e sem uma análise de riscos? Se alguém talvez resolver tocar um grande projeto apenas com um CANVAS, ou seja, baseado apenas em Post-Its®, saiba, estará diminuindo muito as chances de sucesso do projeto.

Assim como aconteceria com a promessa da pílula de emagrecimento para obter o mesmo resultado de uma dieta complexa, com uma solução rápida, sem esforço, ocorreu no mundo de projetos ao surgir algo simples como o CANVAS. Ao utilizá-lo, temos a sensação de que o projeto foi totalmente planejado sem precisar "gastar" um tempo enorme fazendo um Plano de Projeto detalhado.

Entretanto, há que se ter um pouco de cautela quanto ao uso do CANVAS sozinho, isoladamente, em substituição a um Plano de Projeto detalhado de forma tradicional, pois **certamente** o CANVAS oferecerá uma boa visão do projeto, mas para alguns projetos pode ser uma visão muito macro, e, portanto, insuficiente. Falaremos sobre isso mais adiante.

CANVAS de projeto do PM VISUAL: uma folha de flip chart pré-formatada, texto de forma rápida, eficaz, em grupo, com Post-its

7

1.3 O PM Visual (Project Model Visual)

O PM VISUAL é o ponto intermediário entre o CANVAS e o Plano do Projeto detalhado, tradicional. É composto do CANVAS e de uma EXPLOSÃO DO CANVAS (um detalhamento) em outras folhas de mesmo tamanho – A1, tamanho de folhas de *flip chart* – contendo: escopo, cronograma, custos, equipe, comunicação, riscos e aquisições.

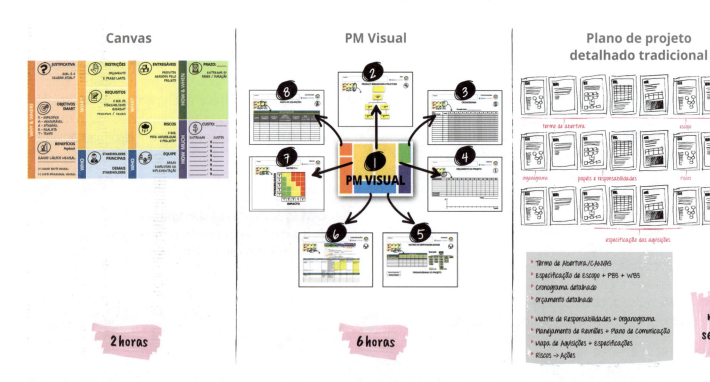

Introdução — CAPÍTULO 1

1.4 O uso adequado do CANVAS, do PM Visual e do Plano Detalhado

E onde se encaixa o CANVAS, o PM VISUAL e o Plano de Projeto completo? Será que são métodos e conceitos concorrentes ou são complementares?

O CANVAS do PM VISUAL é excelente para ser utilizado de três maneiras:

1. como um Plano de Projeto completo para **pequenos projetos**, podendo nesse caso ser utilizado sozinho, em apenas duas horas de trabalho, sem a necessidade de maiores detalhamentos;
2. como concepção inicial para **projetos médios e grandes**, equivalendo ao Termo de Abertura para projetos já aprovados, com necessidade de um maior detalhamento;
3. como concepção inicial de um projeto a ser aprovado – de qualquer tamanho, para ser apresentado a alguns executivos.

CANVAS de Projetos do PM VISUAL em elaboração

O **PM VISUAL completo é excelente** para ampliar a visão do que foi feito por meio do CANVAS, pois trata-se de uma explosão de cada parte do CANVAS em outras telas do mesmo tamanho (tamanho A1), em mais seis horas de trabalho, por meio das quais, a cada nova tela, temos um detalhamento um pouco maior de cada área do CANVAS, ampliando assim a visão do planejamento do projeto. Para projetos médios, o PM VISUAL se torna o próprio Plano de Projeto completo, sem a necessidade de detalhar mais nada. Para projetos grandes, ele fica como ponto intermediário, sendo a base para um detalhamento ainda maior a ser feito, até chegar no Plano de Projeto completo, feito da forma tradicional.

Algumas telas (*folhas, lâminas*) do PM VISUAL:

Telas de CRONOGRAMA e CUSTOS

Tela do PBS

Tela de RISCOS

Introdução — CAPÍTULO 1

A pasta detalhada com o Plano de Projeto completo, o que chamamos carinhosamente de "pasta chiquetosa", é excelente, ideal e necessária para projetos grandes, e pode-se partir do planejamento macro feito justamente por meio do PM VISUAL, que, por sua vez, pode ter sido criado a partir do CANVAS.

Com isso, ocorre exatamente como sugere-se dentro do conceito de planejamento progressivo, ou seja, à medida que as discussões com os principais *stakeholders* (partes interessadas) a respeito do projeto vão avançando, os detalhes quanto às necessidades e soluções vão surgindo, se esclarecendo, e torna-se inevitável e necessário expandir a visão do planejamento macro feito inicialmente. Quer dizer, "inevitável" mais ou menos, certo? Afinal de contas, muitas pessoas conduzem seus projetos somente baseados na "fé", assemelhando-se mais a um bombeiro do que a um gerente de projetos, uma vez que vivem mais "apagando incêndio" do que gerenciando projetos, ou seja, vivem correndo para tudo quanto é lado dentro da empresa tentando fazer com que seus projetos deem certo.

Fazendo outra imagem, é como ir a uma cidade desconhecida e tentar encontrar um endereço sem um GPS. A pessoa vai demorar mais, vai errar alguns caminhos durante o trajeto, vai passar por algum estresse ou muito estresse, mas uma hora chega!

Nós, brasileiros, não temos muito o hábito de planejar, e há muitos motivos que são dados para que isso seja assim. Mas será que esses motivos são de fato pertinentes? Será que se analisarmos de perto, não seriam, na realidade, **desculpas**? Colocações que atuam – conforme diriam os psicólogos – como uma racionalização? Ou seja, uma tentativa de encontrar uma justificativa para o injustificável?

Para evitar isso, devemos alertar que **tentar executar um projeto sem planejamento é pedir para ter problemas. É entrar no projeto com apenas 2,25% de chances de sucesso**. Então, que tal utilizarmos os conceitos que estão sendo criados ao longo de décadas ao redor do mundo por tantos institutos, órgãos e comunidades especializadas em gestão de projetos de forma acertada? Todos querem a mesma coisa: entregar o projeto dentro do prazo, dentro do orçamento, gerar o retorno financeiro para o negócio, fazendo o que tem que ser feito – nem mais e nem menos e, de preferência, sem tanto estresse. Todos querem isso!

Os executivos, os gerentes de projeto, a equipe... Portanto, mãos à obra!

1.5 Cada um no seu lugar

O CANVAS sozinho ficou conhecido como algo que simplifica e dá a sensação de se ter o "mesmo" resultado que o Plano de Projeto tradicional, por ser rápido, simples e visual, só que não é bem assim. De qualquer maneira: duas horas de planejamento é muito mais do que zero! É óbvio que o CANVAS facilita e é bem mais prático do que a forma tradicional de se planejar um projeto. Mas daí a substituir completamente um plano completo e detalhado, pode ser exagero. Certamente, é necessário que em projetos médios e grandes exista um Plano de Projeto um pouco ou muito mais detalhado. Se for necessário um plano apenas um pouco mais detalhado, sugerimos que seja feito o PM VISUAL completo, em um trabalho colaborativo, em grupo, em 6 horas. Agora, caso seja necessário um maior detalhamento, sugerimos então que seja feito inicialmente o CANVAS, depois a explosão do CANVAS, usando todos os elementos do PM VISUAL, e depois ainda o plano detalhado, contendo todos os elementos que compõem um Plano de Projeto completo da forma tradicional. Um pouco mais trabalhoso, é verdade, porém, muitas vezes, necessário.

Por isso dizemos: "Cada macaco no seu galho! Nem 8, nem 80!". Nem só de CANVAS e nem só de pasta detalhada vive o homem, quer dizer, o gerente de projetos. Talvez seja bom **usar cada ferramenta disponível da forma mais adequada para cada projeto**, conforme as características de cada um, tais como tamanho, grau de complexidade, número de pessoas envolvidas, dentre outras.

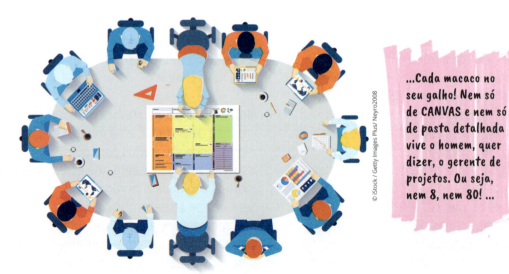

...Cada macaco no seu galho! Nem só de CANVAS e nem só de pasta detalhada vive o homem, quer dizer, o gerente de projetos. Ou seja, nem 8, nem 80! ...

Introdução CAPÍTULO 1

1.6 O tempo necessário e o percentual de chances de sucesso em cada abordagem

Quanto tempo é necessário para cada abordagem? Para o...
- CANVAS?
- PM VISUAL?
- Plano detalhado?

Quantas horas de dedicação são ideais para um bom Plano de Projeto? Será que 8 horas dedicadas ao planejamento é muito ou pouco? Para alguns projetos pode ser muito, para outros, é o mínimo que se pode ter e para outros é extremamente pouco – praticamente nada, devendo ser necessariamente detalhados ainda mais.

Neste quadro-resumo pode-se observar as três abordagens e o tempo de dedicação ao planejamento para cada uma.

PROJETOS	CANVAS PM VISUAL **2 horas**	PM VISUAL Completo **8 horas**	PLANO PROJETO Pasta Detalhada **"n" dias**
PEQUENOS			
MÉDIOS			
GRANDES			"PASTA CHIQUETOSA"

13

Tempo de dedicação sugerido para o planejamento em cada abordagem:

- **CANVAS do PM VISUAL:** 2 horas;

- **PM VISUAL completo:** 8 horas, sendo 2 horas para o CANVAS + 6 horas para expandir cada área do CANVAS em outras sete telas: Escopo, Cronograma, Custos, Equipe, Comunicação, Riscos e Aquisições.

- **Plano de Projeto tradicional completo:** indeterminado, pode ser um dia, uma semana, um mês ou vários meses. Dependerá de vários fatores, mas principalmente do escopo do projeto.

Portanto, até que nível as pessoas devem detalhar seus planos de projeto? Deve-se detalhar de acordo com as características de cada um: tamanho, grau de complexidade, como já dissemos, mas, principalmente, *percentual de chances de sucesso com que se pretende entrar na fase de execução*. Percentual de chances de sucesso em cada abordagem:

- **PRAZO DADO PELO *SPONSOR* OU CLIENTE:** as chances de sucesso SEM PLANEJAMENTO, com base no prazo e custo impostos no início do projeto pelo executivo sênior ou pelo cliente, aquele "sonho de consumo" – que é a primeira estimativa baseada praticamente no Título do Projeto – é de apenas *2,25%*. *Esse é o caminho do mal. Fuja disso. Apresente alternativas, pois se algo der errado, o culpado será o gerente de projetos.*

- **CANVAS DO PM VISUAL:** as chances de sucesso com base no prazo e custo resultantes da elaboração do CANVAS do PM VISUAL é de *no mínimo 16%, para projetos grandes. Para projetos pequenos e médios, esse percentual sobe para cerca de 50%.*

- **PM VISUAL COMPLETO:** as chances de sucesso com base no prazo e custo resultantes do PM VISUAL completo é de *68%*.

- **PLANO DE PROJETO TRADICIONAL:** as chances de sucesso com base no prazo e custo resultantes do Plano de Projeto detalhado, completo, da forma tradicional, é de *84%*.

O planejamento é o caminho do bem!

Introdução — CAPÍTULO 1

Percentual de chances de sucesso em cada abordagem:

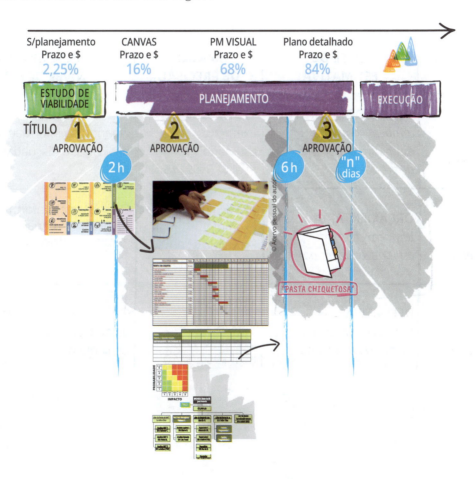

Chances de sucesso estimadas de acordo com o nível de planejamento e margem de precisão:

NÍVEL DE DETALHAMENTO DO PROJETO	NÍVEL DE ESTIMATIVA	MARGEM DE PRECISÃO	QUANDO USAR ESTE NÍVEL DE ESTIMATIVA
Visão macro CANVAS *16% de chances de sucesso*	ORDEM DE MAGNITUDE *também chamada estimativa em ordem de grandeza*	+75%, -25% Exemplo: Estimado $100 Real $75 a $175	Quando só informações básicas são discutidas
Pouco detalhado PM VISUAL *68% de chances de sucesso*	ORÇAMENTÁRIA *também chamada estimativa preliminar*	+25%, -10% Exemplo: Estimado $100 Real $90 a $125	Quando mais informações sobre recursos, materiais, esforço e gastos gerais são discutidas
Muito detalhado Plano detalhado *84% de chances de sucesso*	DEFINITIVA *também chamada estimativa detalhada*	+10%, -5% Exemplo: Estimado $100 Real $95 a $110	Quando informações detalhadas estão disponíveis para todas as partes do projeto

Introdução CAPÍTULO 1

1.7 Conclusão sobre as diferentes abordagens de planejamento

O CANVAS do PM VISUAL, o PM VISUAL COMPLETO, o PLANO DE PROJETO TRADICIONAL e os métodos ágeis são excelentes formas de se planejar um projeto, e todas podem ser consideradas e utilizadas! O importante, no entanto, é PLANEJAR e usar uma das formas com consciência e sem paixões ou defesas exageradas para um ou outro modo em particular. O ideal mesmo é utilizar o que melhor se adaptar à sua empresa, ao seu projeto ou à necessidade do momento, mas, principalmente, ao que trouxer o melhor resultado para a organização responsável.

No entanto, recomendados e implantamos em várias empresas o seguinte roteiro: faça inicialmente o CANVAS para todo o tipo de projeto. Em seguida, o PM VISUAL, e ao final, escolha se é melhor adotar a abordagem dos Métodos Ágeis ou Método Cascata, ou seja, entregas incrementais, parciais ou detalhar tudo e entregar ao final (cascata).

Talvez todas as metodologias e abordagens sejam apenas novas roupagens para adaptar as "velhas" formas de organizar e trabalhar com projetos, adequando a linguagem e a praticidade concernentes à cada tempo e época.

Uma última nota de atenção: ao fazermos o planejamento e utilizarmos alguma dessas práticas propostas, recomendamos usar a melhor para a empresa e para os objetivos do projeto, não porque ela foi sugerida por um guru da área, por um dos tantos institutos mundiais ou porque alguém disse que tem que usar, mas, sim, por constatação do bom resultado que sua prática gera para o projeto, para a organização executora, principalmente, e também para o gerente do projeto, para os clientes, para os executivos e para todos que trabalham com projetos. **Portanto, PLANEJE!** Tire as informações da cabeça das pessoas – faça um download – e coloque no papel!

Se eu tivesse cinco minutos para consertar o mundo, eu dedicaria quatro minutos para o planejamento e um para a execução.
ALBERT EINSTEIN

No mundo dos projetos, o que não está escrito não está no mundo!

17

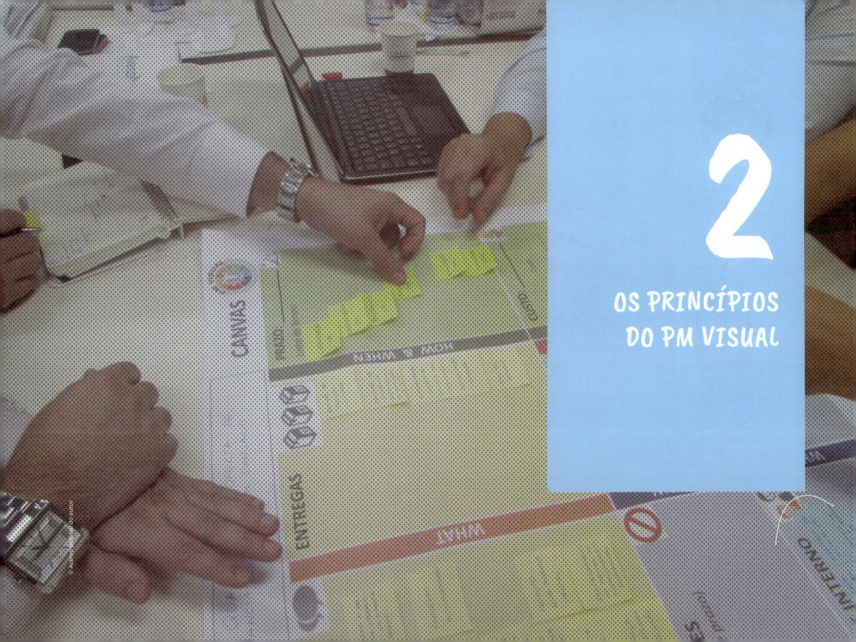

2
OS PRINCÍPIOS DO PM VISUAL

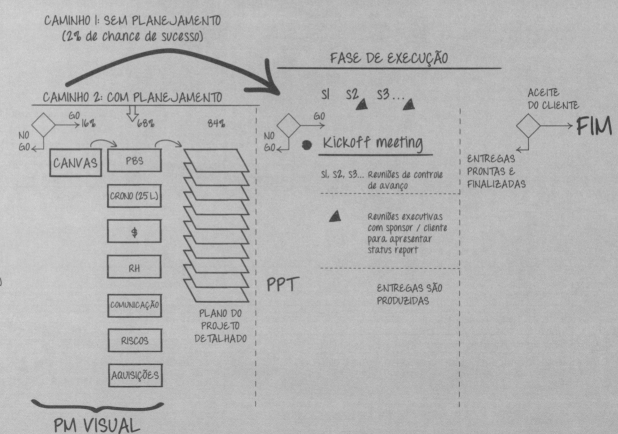

Os princípios do PM VISUAL — CAPÍTULO 2

O PM VISUAL foi criado considerando o modo de trabalho e funcionamento dos seres humanos e por isso é regido por quatro princípios fundamentais:

1. **VISUAL:** quando as pessoas ENXERGAM o que está sendo criado, facilita muito o entendimento.
2. **TRABALHO COLABORATIVO:** quando todos veem e participam juntos, isso gera ENGAJAMENTO das pessoas envolvidas no processo, pois "ajudam a criar".
3. **RÁPIDO:** apenas 8 horas de dedicação para ter 68% de chances de sucesso no projeto é um ótimo número.
4. **SIMPLES:** o uso de Post-Its® e papel leva as pessoas a focarem no ATO DO PENSAR com liberdade e criatividade, sem desviar seu centro de atenção.

2.1 Princípio 1: VISUAL

Pesquisas e estudos apontam que nosso cérebro trabalha e entende por imagens. A grande maioria das pessoas realmente tem um melhor entendimento de algo quando veem o que está sendo criado. Durante um planejamento de um projeto, concebemos uma forma em que o uso dos Post-Its®, definindo tudo VISUALMENTE, seria o ponto central do trabalho.

De fato, após ter feito centenas de vezes, comprovamos que esse modo facilita muito o entendimento de todos os envolvidos. O grupo discute sobre as necessidades do projeto e vai formando uma primeira ideia da coisa.

Para muitos, essa macrovisão inicial é o suficiente. Para outros, é insuficiente, necessitando-se aprofundar mais. O uso dos Post-Its® e das CORES colocados em folhas grandes provocará esse efeito inicial!

Portanto, esse princípio remete a dois aspectos:

1. IMAGEM DIZ MAIS QUE PALAVRAS

O CÉREBRO ENTENDE MELHOR IMAGENS DO QUE PALAVRAS.
A visualização de uma ideia por meio de uma imagem contém todo um conhecimento concentrado, ao passo que por meio textual são necessárias muitas palavras para explicar a mesma coisa.

2. ENXERGAR O QUE ESTÁ SENDO FEITO MELHORA O ENTENDIMENTO

Para muitos, uma informação ou um conhecimento que o cérebro recebe por meio de uma imagem é o suficiente, pois desperta vários pensamentos, processamentos e sentimentos. Para outros, é insuficiente, e mais informações são necessárias, num processo natural. Isso varia conforme o perfil de cada um. O interessante é que inicialmente **todos formam a mesma visão e um entendimento similar** baseado na **imagem visualizada**.

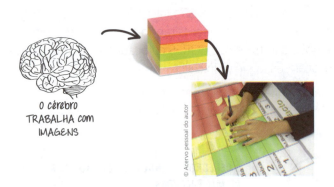

O cérebro TRABALHA COM IMAGENS

2.1.1 ENXERGAR O QUE ESTÁ SENDO FEITO MELHORA O ENTENDIMENTO

Quando todos estão olhando para o MESMO DOCUMENTO, o nível de participação e clareza de todos aumenta muito. Experimente fazer uma discussão com oito pessoas em volta de uma folha de sulfite normal, tamanho A4. Será que todos irão enxergar o que está sendo feito? Ou, então, fazer a mesma discussão utilizando um notebook, quando poucas pessoas poderão interagir com o que puder ser visto em uma pequena tela de um computador? Portanto, o uso de formulários de tamanho GRANDE, conhecido como "A1", faz com que todos os participantes do processo entendam muito mais facilmente tudo o que estiver sendo discutido com um engajamento muito maior, e assim consigam participar de todo o planejamento.

Quando as pessoas enxergam o que está sendo feito, o entendimento aumenta. Uma tela grande que todos podem ver facilita a discussão, e remete ao segundo princípio, o **colaborativo**.

O trabalho pode ser feito também por videoconferência. Nesse caso, o facilitador terá que ser bastante hábil na condução.

2.2 Princípio 2: TRABALHO COLABORATIVO

O **princípio do trabalho colaborativo** trata de processos e comportamentos relativos à interação entre indivíduos para se chegar a um fim comum. Esse método aumenta muito as chances de sucesso na busca de uma solução, pois nele se trabalha de forma participativa, agregando as ideias de todos que conhecem algo a respeito do que está sendo discutido.

O processo de discussão em grupo permite maior ENGAJAMENTO das pessoas, pois todos os decisores e os que têm informações a respeito do projeto AJUDAM A CONSTRUIR um bom planejamento. Além disso, cada um se sente dono, e **cada um contribuirá com o que tem de melhor: seu conhecimento a respeito do projeto.** Portanto, várias cabeças pensando certamente gerarão um resultado muito melhor do que uma pessoa trabalhando sozinha. Nenhum de nós é tão bom quanto todos nós somados.

Com isso, por meio do princípio do TRABALHO COLABORATIVO, chegamos às seguintes constatações:

 ocorre um maior engajamento e comprometimento de todos os envolvidos;

 várias pessoas participam da elaboração do plano global do projeto, incluindo os altos executivos, que enxergarão todo o trabalho a ser feito, influenciando para um caminho ou outro, corresponsabilizando-se quanto a prazos e orçamentos que o grupo, em conjunto, está estimando e julgando como necessários;

 várias cabeças com experiências e graus de conhecimento diferentes participam das discussões, construindo o plano do projeto mais apropriado, e, portanto, **contribuindo com o que têm de melhor para o projeto: o CONHECIMENTO sobre o projeto e sua INTELIGÊNCIA;**

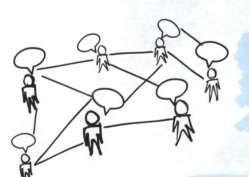

Nenhum de nós é tão inteligente quanto todos nós juntos!
WARREN BENNIS

O trabalho COLABORATIVO é comprovadamente mais eficaz do que o trabalho INDIVIDUAL.

- diversas discussões ocorrem logo no início do projeto, tomando decisões que diminuem grandes mudanças futuras (*atenção: eu disse "que diminuem", e não "que acabam"*);
- o plano do projeto estará na cabeça de várias pessoas e não somente na cabeça de uma única pessoa – ou seja, isoladamente na cabeça do gerente de projeto;
- o executivo verá a importância do planejamento (*se Deus quiser*) e, por vezes, ele mesmo pedirá que o gerente de projeto faça um maior detalhamento;
- e o principal: o projeto terá um PLANO DO PROJETO bem elaborado e muito melhor do que quando se faz sozinho.

Os princípios do PM VISUAL — CAPÍTULO 2

2.2.1 A FRUSTRAÇÃO DE FAZER SOZINHO *VERSUS* A ANIMAÇÃO COM O RESULTADO DO TRABALHO EM GRUPO

Normalmente, os gerentes de projeto fazem seus planejamentos – quando fazem – de forma isolada, sozinhos, e quando vão apresentar para alguém sentem-se frustrados, pois as pessoas pouco valorizam o planejamento, quase nem olham o trabalho que deu para produzir aquele "enorme" documento, e, o pior, ninguém fica com uma ideia clara e comum do "QUE" será entregue e nem de "COMO" será entregue.

Quando as pessoas trabalham no Plano de Projeto de forma colaborativa, o resultado é completamente diferente, pois todos participam, se sentem donos do projeto e formam uma mesma imagem a respeito do projeto. Os depoimentos das empresas que o têm utilizado são realmente muito animadores:

> "Tenho o prazer de dar meu depoimento. A experiência tem sido ótima. Pela minha experiência, eu ficava várias horas para esculpir um projeto, hoje, em 1h 30 usando o CANVAS do PM VISUAL consigo estruturar o que será a base para todo o projeto. Depois, em mais 5h30 de discussão com o grupo, saímos com o projeto totalmente delineado. Em alguns projetos vemos naturalmente a necessidade de detalhar mais em um plano tradicional. O mais legal é que acabou o meu sofrimento de ter que aceitar prazos 'goela abaixo', além da falta de engajamento do *sponsor* e das pessoas de outras áreas. Com esse processo, tudo mudou. Hoje é excelente! O PM VISUAL é sem dúvida uma benção de Deus que foi criado e pretendo utilizar em todos os projetos na minha vida daqui para a frente!"
>
> [Glauco Marchioni]

25

2.2.2 A MÃO QUE ESCREVE: O ESCRITOR DO GRUPO

Algum participante do grupo será naturalmente a pessoa que assumirá a caneta e desempenhará o papel de "escritor do grupo" dentro do princípio do trabalho colaborativo.

Essa pessoa pode ser o gerente de projeto – já existente ou provável –, ou alguém que o grupo eleger.

Atenção com relação à escolha dessa pessoa, pois a escrita terá naturalmente alguns elementos e características desse indivíduo que assumir a caneta.

Por exemplo: se a pessoa for impositora, haverá uma tendência de a escrita ser mais a opinião dela do que a representação do grupo. Se for uma pessoa que "detesta" planejar, o processo poderá ser muito moroso e gerar dispersão entre os participantes.

Portanto, sugerimos considerar algumas características sobre a pessoa a ser escolhida:

- *definida* e não *indecisa.*
- *clara* e não *confusa.*
- *segura* e não *insegura.*
- *conciliadora* e não *briguenta.*
- *agregadora* e não *desagregadora.*
- *organizada* e não *desorganizada.*
- *focada* e não *dispersa.*
- *equilibrada* e não *ansiosa.*

O líder de projeto que fizer o planejamento sozinho será um herói tentando convencer todos os que não participaram do planejamento, e terá grandes chances de ser derrotado!

SUGESTÃO: escolha como escritor uma pessoa definida, clara, segura, agregadora, conciliadora, organizada, focada e que saiba ouvir e mediar a opinião de todos de forma objetiva. Se não tiver alguém com todas essas características, escolha aquela que reunir a maior quantidade desses atributos.

Uma vez que os elementos do PM VISUAL são elaborados por meio do princípio do TRABALHO COLABORATIVO, estes podem ainda ser avaliados por outras pessoas que não participaram do processo de discussão no primeiro momento. O objetivo desse "segundo olhar" com essas outras pessoas é criticar e dar sugestões complementares, sempre na busca da melhor solução e de alternativas para se atingir o resultado esperado. Isso faz com que todas as pessoas que olham o que está sendo discutido analisem as necessidades dos *stakeholders* (partes interessadas) afetados pelo projeto, para que a solução elaborada seja a mais abrangente possível.

2.2.3 DESIGN THINKING E O PM VISUAL

Você quer saber como encontrar a melhor solução para um problema ou uma oportunidade? Pense em usar **Design Thinking**!

Criado pelo norte-americano David Kelley, professor da Universidade de Stanford, o termo Design Thinking é uma abordagem para os *designers* em todos os aspectos do negócio, para desenvolver soluções de diversas naturezas em uma empresa. É utilizado pelos departamentos de inovação sempre que surge um problema.

Mas por que estou explicando isso aqui neste livro? Simplesmente porque muitas pessoas saem estruturando um projeto e, sem saber, se deparam com uma das duas situações abaixo:

 Querem achar a solução no meio do planejamento do projeto, quando ainda não têm nem ideia do que querem implementar, ou seja, têm apenas o problema.

 Muitas vezes têm definida a ideia do que pretendem implementar, mas essa não é a melhor ideia para se resolver o problema que estão tratando. Essa ideia vem "apenas" do chamado "*feeling*" e da experiência de um executivo ou técnico.

Design Thinking é uma forma de organizar o pensamento e se estruturar dentro de um modelo mental que faz com que as soluções criadas sejam mais acertadas e "desejáveis" pelas pessoas, com foco total no usuário, nas "personas".*

---

* Personas são personagens fictícios que descrevem todas as características, dores, anseios, pensamentos e desejos de alguém para quem a solução será criada, ajudando a melhor entendê-los, de modo a assegurar que a solução ou ideia a ser criada seja de fato assertiva, relevante, atendendo a todas as expectativas e interesses desses personagens.

O objetivo, portanto, é que o **Design Thinking** ajude os profissionais a enxergarem o resultado mais "certeiro" antes de partirem para a implementação da solução ou da inovação, como também é chamada. No fundo, o Design Thinking é uma forma de ajudar a **pensar fora da caixa**.

Para entender melhor, vamos pensar que todo projeto que uma empresa tem visa atender a uma necessidade interna ou de mercado.

A empresa pode pensar eventualmente, logo de imediato, em uma ideia baseada apenas no *feeling* de algum profissional experiente, mas será que essa é a melhor solução? Será que, ao final do processo, ela não descobrirá que o caminho tomado não foi o ideal? E aí terá que mudar tudo e gastar um monte de tempo e dinheiro outra vez? Imagine uma empresa gastar milhares ou milhões de dinheiro, tempo, pessoas e ao final não atingir o ganho esperado. Quando uma empresa comete esse tipo de "erro" várias vezes seguidas, isso pode levá-la a sérios problemas, e, às vezes, até à falência. Quem não se lembra de pelo menos uma ou duas empresas que passaram por problemas similares, que eram muito fortes e que perderam força no mercado ou até sumiram?

Portanto, pense bem antes de sair planejando o seu projeto, pois apostar na ideia errada pode gerar um enorme desperdício de tempo, dinheiro e recursos! A **metodologia Design Thinking** é utilizada justamente para evitar esses erros de percurso.

Design Thinking: metodologia e etapas

As **etapas do Design Thinking** pressupõem primeiro um processo de imersão, de empatia, depois de cocriação, e, por último, de experimentação, teste, antes de um lançamento oficial.

Fase 1 – Empatia ou Imersão: esse primeiro momento é o que podemos chamar de diagnosticar o problema.

Um **design thinker** e sua equipe precisam, antes de mais nada, estudar profundamente o problema que pretendem resolver e usar a empatia – ou seja, sentir de fato onde aperta o calo das personas e entender a real necessidade daquelas pessoas, seja na área de serviços ou de produtos.

O que elas precisam, o que querem, o que esperam, qual a melhor maneira, como costumam fazer, onde dói?

Para isso, é preciso conhecer o universo daquelas pessoas, o que pode ser feito de diversas maneiras: discutindo, fazendo um *brainstorming* com pessoas que conhecem aquelas personas, fazendo pesquisas por um formulário,

Os princípios do PM VISUAL   CAPÍTULO 2

saindo na rua, conversando de fato com o público-alvo, ou seja, mergulhando totalmente na necessidade e no problema, para abrir a mente para as soluções que irão surgir.

Fase 2 – Cocriação: nessa etapa é importante trazer as pessoas diretamente envolvidas na questão para interagir, pensar e ajudar na identificação de potenciais soluções. E a partir das ideias que surgirem, classificá-las, priorizá-las, até decidir qual parece ser a melhor.

As pessoas devem "viajar" em todas as possibilidades para encontrar a melhor solução e, a partir daí, após os testes, estruturar a implantação de um projeto.

Fase 3 – Experimentação: nessa etapa, criam-se pequenas iniciativas, que são implementadas, testadas e recebem *feedback*. Depois, implementam-se melhorias, até chegar a um lançamento ou relançamento.

Mas por que realizar todas essas etapas? Justamente porque esses processos vão proporcionar resultados mais eficazes.

O Design Thinking sempre deve ser realizado em grupo, em conjunto, de forma, prática, dinâmica, colaborativa – veja bem: sempre colaborativa! Utilizando inteligência coletiva.

O Duplo Diamante e os CANVAS de Design Thinking

Existem diversas maneiras de aplicar o Design Thinking, e uma delas é utilizar o conceito de Duplo Diamante.

O Duplo Diamante é uma forma de divergir e depois convergir duas vezes: na primeira, diverge-se a partir do problema sobre quais os sintomas que caracterizam a situação atual e suas causas. Analisam-se as possíveis causas e converge-se para as principais. Depois, a partir dessas, diverge-se novamente para pensar em possíveis ideias ou soluções. Analisam-se e filtram-se as ideias, convergindo para uma ou algumas, para daí então torná-las tangíveis em um projeto.

Para utilizar esse conceito, criei outros dois CANVAS de Design Thinking, a fim de auxiliar o time envolvido **no problema** e **na**

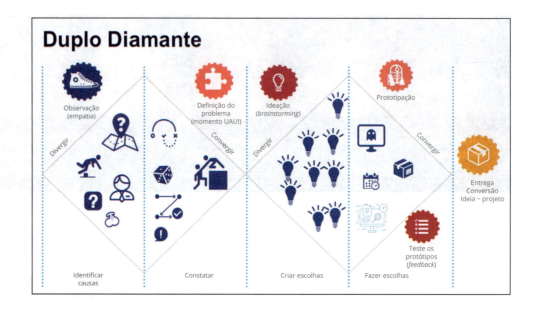

busca da solução, antes de saírem implementando suas ideias, ou seja, seus projetos, meio na base do *"feeling"* ou do *"seja o que Deus quiser"*.

Desenvolvi esses CANVAS baseado em um modelo apresentado por um grande colega ligado à nossa profissão, André Cruz.

CANVAS número 1 do Design Thinking: o primeiro CANVAS serve para diagnosticar o problema ou entender melhor a oportunidade.

Para ficar mais claro todo o processo, pense numa pessoa que está sentindo uma dor, por exemplo, de estômago. Antes de escolher o

Os princípios do PM VISUAL — CAPÍTULO 2

melhor remédio, precisamos entender muito bem a causa. Então, o médico examina o paciente, faz uma série de perguntas, pede alguns exames e depois identifica de fato o que está causando a dor. Só depois começa a pensar nas possíveis formas de tratar. O médico poderá receitar um remédio, um tratamento por homeopatia, um chá ou até uma cirurgia, em casos mais agudos. Mediante todas as alternativas, essas serão avaliadas e pesadas em conjunto: médico e paciente, considerando eficácia, custo, tempo de tratamento, necessidades e expectativas do paciente, mas claro que com uma forte recomendação médica, principalmente em casos mais severos, como a cirurgia.

Na empresa o processo é o mesmo: primeiro estuda-se bem o problema ou oportunidade a fim de conhecer bem as causas, as expectativas da persona, para depois pensar nas possibilidades, e, diante delas, analisar qual a melhor, considerando: critérios de agregação, custo, prazo e risco.

É aí que entra o segundo CANVAS que criei: com base nas principais causas identificadas discutem-se todas as possibilidades, pesa-se cada uma e então elege-se a ideal, que poderá ser desde uma simples ação até um projeto maior.

CANVAS número 2 do Design Thinking: busca da solução

Se a solução for um projeto

Após todo o processo do Design Thinking realizado, se a solução identificada como a melhor for um projeto, é hora de estruturá-lo para bem implementá-lo, antes de sair fazendo sem qualquer planejamento. É a vez do CANVAS de Projetos do PM VISUAL e seu detalhamento nas demais lâminas do PM Visual, sempre em grupo, de forma colaborativa.

A elaboração do CANVAS leva em torno de 2 horas e nos dá cerca de 16% de confiabilidade nas estimativas de prazo e custo. Já o PM Visual completo demanda cerca de mais 6 horas de trabalho e possibilita 68% de confiabilidade no prazo e custo estimados pela equipe.

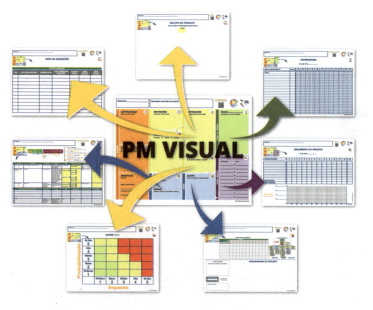

2.3 Princípio 3: RÁPIDO

2.3.1 PM VISUAL: 8 HORAS DE TRABALHO COLABORATIVO

Será que 8 horas de dedicação ao planejamento é muito ou pouco? Para alguns projetos pode ser muito, para muitos outros é o mínimo, e para outros, ainda, é extremamente pouco, devendo ser necessariamente detalhado ainda mais, principalmente a parte de escopo e cronograma.
Alguns dizem: *"A dificuldade está em conseguir reunir as pessoas por 8 horas"*. Então, cabem aqui algumas perguntas e sugestões:

👉 Se o líder do projeto não conseguir envolver as principais cabeças com informações a respeito do projeto por pelo menos 8 horas, qual será o grau de importância desse projeto para a organização? E qual o grau de envolvimento e comprometimento que as pessoas terão para com o projeto? Quais as chances de sucesso que o projeto terá sem as informações de definições mais importantes no início do projeto?

👉 Se não for possível reunir as pessoas-chave, o líder do projeto deverá conversar com o *sponsor* para ajudá-lo a **conseguir o envolvimento das pessoas ou** **solicitar que elas indiquem alguém** para participar do processo. Tão logo termine a elaboração do PM VISUAL, o líder do projeto deverá apresentá-lo e validá-lo com os "eleitos fujões" e com o *sponsor* do projeto.

Oito horas de trabalho juntos

Oito horas é muito?

Quanto mais cedo os principais *stakeholders* se envolverem no projeto, mais conseguirão influenciá-lo positivamente. Quanto mais tarde entrarem e tiverem que mudar algo já definido, mais custoso será (veja figura a seguir).

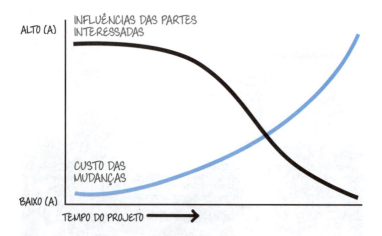

2.3.2 KAIZEN: 40 HORAS DE TRABALHO COLABORATIVO

Quanto mais tarde houver mudanças de rumo, maior será a perda de tempo e de dinheiro.

O método Kaizen consiste em reunir um grupo de pessoas

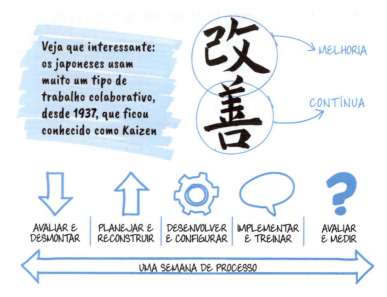

em uma sala por um período que pode variar de 40 a 80 horas contínuas para discutir os problemas de um processo de uma área que precisa ser ajustado e elaborar um plano de ação. Incrivelmente, tudo funciona muito bem. Claro! Certamente, uma das razões do sucesso do Kaizen está no fato de as pessoas se fecharem em uma sala durante uma ou duas semanas e, juntos, elaborarem um Plano de Projeto, de forma colaborativa. Nada mais do que isso. **O que**

Os princípios do PM VISUAL — CAPÍTULO 2

propomos com o PM VISUAL são 8 horas de agenda trancada. Convenhamos, 8 horas é bem menos do que uma ou duas semanas, além de ser um investimento bem pequeno para o retorno que pode gerar. Se os japoneses ficam duas semanas, por que não conseguimos ficar um dia?

2.4 Princípio 4: SIMPLES

Uma das grandes riquezas desse princípio é a facilidade de sua utilização, pois faz uso de coisas simples: papel, Post-It®, lápis e canetas coloridas, sem nenhum *software* ou ferramenta tecnológica.

O objetivo é que tudo seja desenvolvido nas 8 horas de trabalho colaborativo utilizando somente esses materiais. Posteriormente, após o trabalho colaborativo, o plano do projeto poderá ser digitalizado, colocado em mídia eletrônica, ou seja, num Excel ou até mesmo no *software* do PM VISUAL, o qual abordaremos mais adiante.

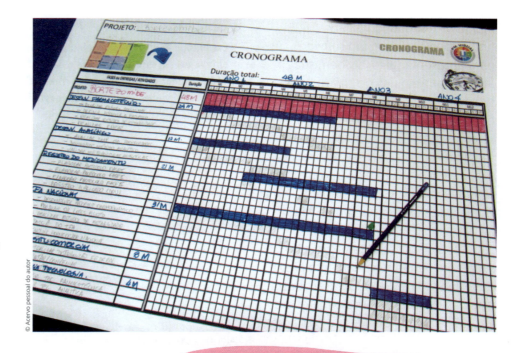

...uma das grandes riquezas desse processo é a facilidade de sua utilização, pois ele faz uso de coisas simples: papel, Post-Its®, lápis e canetas coloridas, sem nenhum software ou ferramenta tecnológica...

35

Muitas vezes, quando alguns profissionais utilizam um *software* para apresentar algo, dividem sua atenção entre o uso do *software* em si e a discussão principal. Durante a elaboração do PM VISUAL, a ideia é se concentrar apenas no projeto, focar no ATO DO PENSAR, utilizando o que as pessoas têm de informação e conhecimento sobre o projeto. Como esses elementos são VISUAIS, facilitam muito a discussão, pois são fáceis de utilizar e também não requerem nenhum treinamento prévio do grupo para a sua elaboração. Basta que uma pessoa conheça o método do PM VISUAL e que ela lidere o processo.

2.4.1 OS POST-ITS®

Os Post-Its® ganharam o mundo com suas variedades de cores, tipos e tamanhos ao longo dos anos. São extremamente funcionais, pois são práticos e comunicativos, além de serem de fácil acesso.

Em 1980, o Post-It® "amarelinho" foi oficialmente lançado nos Estados Unidos. O produto obteve um sucesso tão grande e imediato que a 3M recebeu mensagens dos principais CEOs listados no ranking da *Fortune 500*. Um deles foi o lendário presidente da Ford, Lee Iacocca, dizendo o quanto havia gostado do lançamento.

Alguns executivos podem pensar que seu uso remete a "coisas infantis" ou que não representam a seriedade que determinado projeto merece dentro das estratégias das organizações, ainda mais em um mercado cada vez mais competitivo. Entretanto, esses pequenos pedaços de papel com adesivo de fácil remoção em

"Eu tinha uma solução esperando por um problema."
Art Fry (criador do Post-It®)

Os princípios do PM VISUAL — CAPÍTULO 2

seu verso, os quais são facilmente colados, removidos e recolados por algumas vezes, sem deixar marcas ou resíduos, são o melhor instrumento para aplicar o conceito do TRABALHO COLABORATIVO.

O tamanho que recomendamos é o pequeno: 50 x 38 mm (o menorzinho).

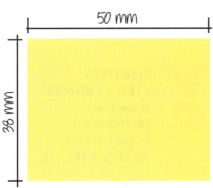

2.4.2 FOLHAS TAMANHO A1

Sugerimos que as telas do PM VISUAL sejam impressas em tamanho A1 (folhas do tamanho de *Flip Chart*), 841 mm x 594 mm, pois permite uma boa visualização para todos os envolvidos, e os Post-Its® se encaixam bem nesse tamanho.

Para entender melhor: os tamanhos de papel mais utilizados nas empresas e escolas são A1, A2, A3 e A4. Veja a seguir as medidas de cada um e uma foto do tamanho A1 em relação a uma pessoa, para que possa visualizar e entender com clareza do que estamos falando.

Formatos	Medidas
A1	841 × 594 mm
A2	594 × 420 mm
A3	420 × 297 mm
A4	297 × 210 mm

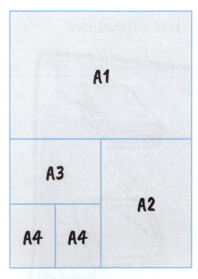

Tamanho A1 em relação a uma pessoa.

37

2.4.3 PAPEL X TECNOLOGIA

CUIDADO: tecnologias e softwares complexos, em determinados momentos, podem atrapalhar o ato de "pensar".

O que é melhor, papel ou mídia eletrônica?

Alguns preferem ler livros no iPad, outros preferem livros em papel, do modo tradicional. Alguns profissionais preferem fazer desenhos usando lápis e papel, outros preferem usar o computador.

Para realizar o planejamento por meio do PM VISUAL, o que dá mais resultado é o uso do PAPEL em vez do computador, por três motivos principais:

1. O papel deixa as pessoas LIVRES para focar única e exclusivamente no projeto, sem aqueles pequenos problemas que roubam nossa atenção e geram interrupções quando usamos alguns *softwares* (coisas do tipo *"onde clico"*, *"e agora?"*, *"xi, travou"*, *"ele está pensando..."*). Portanto, toda a atenção fica na discussão sobre o projeto.

2. A VISUALIZAÇÃO. Quando se trabalha com PAPEL em tamanho grande, formato A1, TODOS conseguem ver de forma ampla o que está sendo discutido. O computador restringe muito a visão a uma, duas ou no máximo três pessoas, e isso acaba gerando dispersão nos demais participantes, a menos que se utilize um projetor.

3. Com um computador à mão, é muito fácil ceder à tentação de abrir um e-mail, dar uma olhadinha na internet e fugir do que está sendo discutido.

RESUMINDO: o FOCO e a ATENÇÃO devem ficar INTEIRAMENTE no que está sendo discutido: O PROJETO.

38

Os princípios do PM VISUAL   CAPÍTULO 2

E a sustentabilidade?

> **SUSTENTABILIDADE** não significa deixar de imprimir ou de usar papel, significa imprimir com responsabilidade.

Sustentabilidade é também a capacidade de preservar e interagir com o meio em que se vive, preocupando-se com a permanência e a preservação dos recursos naturais.

Portanto, sugerimos fortemente que se utilizem as folhas em papel e os Post-Its® com o **princípio da economia**, que é a **racionalização do disponível**, ou seja, **com total responsabilidade para que se imprima apenas o necessário** para a elaboração do seu Plano de Projeto, sem desperdício.

Sustentabilidade, segundo a definição dos dicionários, é um modelo de sistema que tem condições para se manter ou se conservar.

Atualmente, esse tem sido um tema bastante discutido e incorporado por grandes empresas e indústrias, e há uma grande preocupação com o uso consciente de recursos naturais para não afetar as gerações futuras.

© Thinkstock/ Kav777

39

Novo
Original
Conceito
Incubação
Solução
CRIATIVIDADE
Inteligência
Diversão
Brain-
-storming
Invenção
Ideias
Iluminação
Inovação
Arte
Insight

3
VISÃO GERAL

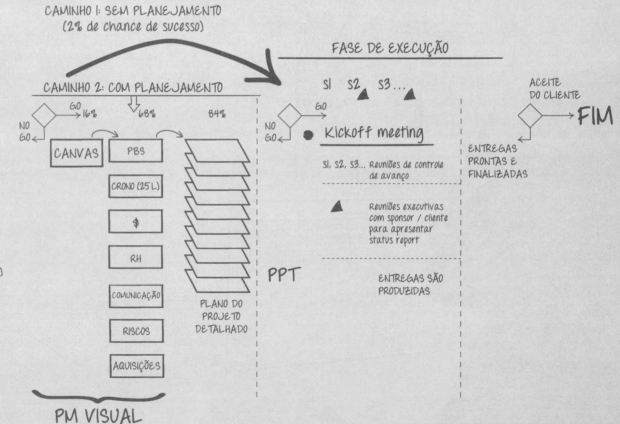

Visão geral   **CAPÍTULO 3**

O PM VISUAL é um método de planejar e controlar projetos de forma visual, rápida, simples e colaborativa.

O planejamento de um projeto pelo PM VISUAL é feito em 8 horas de trabalho, e é composto por oito telas em tamanho A1, sendo uma tela para o CANVAS e outras sete para a expansão do CANVAS, ou seja, um detalhamento conforme sete áreas de conhecimento do guia PMBOK®: escopo, prazo, custos, recursos, comunicações, riscos e aquisições. Além disso, contém uma tela para controle visual, para acompanhamento do andamento do projeto, muito semelhante ao Kanban utilizado nos métodos ágeis.

Essas outras sete telas contêm um detalhamento um pouco maior de cada área do CANVAS.

Como é feito e quanto tempo leva cada lâmina? Todo o PM Visual é feito em **UMA REUNIÃO** de 8 horas ou **DUAS REUNIÕES** de 4 horas, sendo:

- **CANVAS:** 2 horas
- **PBS:** 1 hora
- **CRONOGRAMA:** 1 hora
- **CUSTOS:** 1 hora
- **RH:** 1 hora
- **COMUNICAÇÃO:** 5 minutos
- **RISCOS:** 1 hora
- **AQUISIÇÕES:** 55 minutos

3.1 O planejamento no PM VISUAL

Para planejar um projeto, devem ser reunidas as principais pessoas da empresa relacionadas ao projeto, ou seja, as que têm as informações necessárias para um bom planejamento e as que têm o poder de decisão sobre o futuro do projeto. São estes: técnicos, coordenadores, gerentes, diretores e outros. Para isso, sugere-se reservar a agenda de todos para uma reunião de 8 horas, que pode ser feita em um único dia ou em dois períodos de 4 horas, totalizando 8 horas de planejamento. Esse é o tempo estimado para se elaborar um Plano de Projeto completo com o PM VISUAL.

Algumas empresas utilizam o método Kaizen, cujo foco é a melhora contínua. Para isso, essas pessoas travam suas agendas por um período de uma ou duas semanas, e ficam trancadas em uma sala discutindo os problemas de um processo ou de uma área que precisam ser ajustados, e tudo funciona muito bem. Claro! Certamente, uma das razões do sucesso do Kaizen está no fato de as pessoas se fecharem em uma sala e, juntas, elaborarem um Plano de Projeto de forma colaborativa. Nada mais do que isso.

O que propomos com o PM VISUAL são apenas 8 horas de agenda trancada. Bem menos do que uma ou duas semanas, não?

Para elaborar o Plano de Projeto com o PM VISUAL não é necessário nenhum *software* ou computador, apenas folhas de

papel em tamanho A1, lápis, canetas coloridas e Post-Its® em tamanho pequeno e de várias cores.

A utilização desses materiais permite a participação efetiva de várias pessoas e áreas que podem ou que devem contribuir para a concepção ou planejamento do projeto. Cada um contribuirá com o que tem de mais rico para o projeto: *conhecimento e inteligência*. Isso permite focar apenas no PENSAR, sem qualquer fator inibidor nesse processo, como eventualmente um *software* moderno, que pode interferir no ATO DE PENSAR e no compartilhamento de pontos de vista diferentes, causando "boas brigas". É ótimo!

Claro que, em algumas situações, um *software* pode ajudar no processo colaborativo, mas não no início do planejamento, com a finalidade que o PM VISUAL propõe.

Segundo estudos de neurociência, quando as pessoas discutem e trabalham com algo VISUAL e de FÁCIL entendimento, isso faz com que os participantes tenham maior compreensão a respeito do que está sendo analisado, possibilitando um melhor resultado. O cérebro entende muito mais facilmente o que é processado de forma visual, por imagens, do que de forma descritiva, narrativa.

Portanto, o PM VISUAL foi concebido com oito telas para o planejamento.

São elas:
1. CANVAS
2. Estrutura de decomposição do produto (Product Breakdown Structure – PBS)
3. Cronograma
4. Custos
5. RH/Pessoas
6. Comunicação
7. Riscos
8. Aquisições

Visão geral CAPÍTULO 3

Dessa maneira, o planejamento de qualquer projeto é realizado em no máximo 8 horas de trabalho.
O PM VISUAL começa com a elaboração do CANVAS de projetos, e depois cada área do CANVAS é expandida em uma das sete telas, de forma mais detalhada.

3.1.1 TELA DO CANVAS

Visão macro a respeito de todos os aspectos do projeto, elaborada em cerca de 2 horas.

Acesse o arquivo do CANVAS:

45

3.1.2 TELA DA ESTRUTURA DE DECOMPOSIÇÃO DO PRODUTO
(PRODUCT BREAKDOWN STRUCTURE – PBS)

Visão um pouco mais detalhada dos entregáveis do projeto, feita em torno de 1 hora.

Visão geral CAPÍTULO 3

3.1.3 TELA DO CRONOGRAMA

Lâmina com 25 linhas para demonstrar de forma executiva quais atividades e quando acontecerão na linha do tempo. Em alguns países, essa tela se chama MASTER PLAN ou HIGH LEVEL PLAN. Sua elaboração leva cerca de 1 hora.

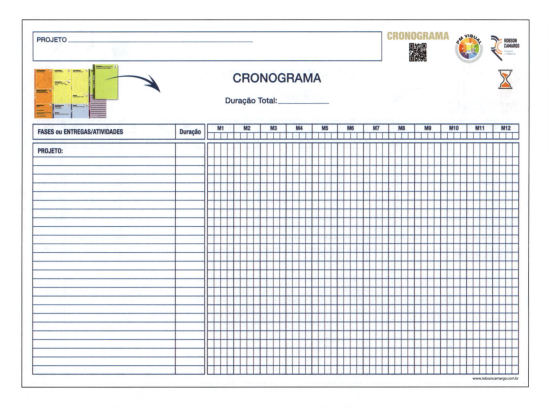

Acesse o arquivo do CANVAS:

3.1.4 TELA DE ORÇAMENTO

Os custos do projeto na linha do tempo, gerando dois gráficos: um de barras baseado nos totais de cada mês, e outro de linhas, baseado no total acumulado. Sua elaboração também leva cerca de 1 hora.

Visão geral CAPÍTULO 3

3.1.5 TELA DE RECURSOS HUMANOS

Quem vai fazer o que no projeto, o que é representado por meio da matriz de responsabilidades, e a relação de hierarquia dentro do projeto, representada pelo organograma do projeto. Sua elaboração leva cerca de 1 hora.

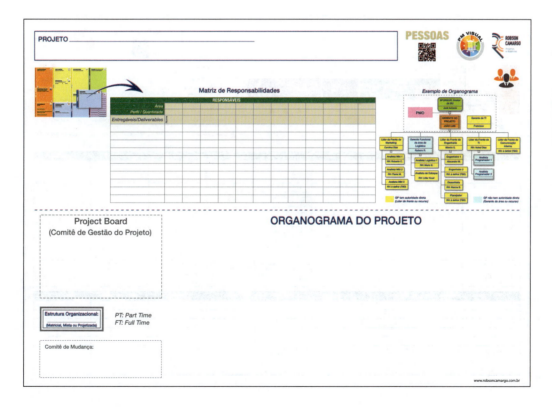

Acesse o arquivo do CANVAS:

49

3.1.6 TELA DE PLANO DE COMUNICAÇÕES/REUNIÕES

Quais reuniões deverão acontecer ao longo do projeto, sua frequência e seus participantes. Sua elaboração leva cerca de 5 minutos.

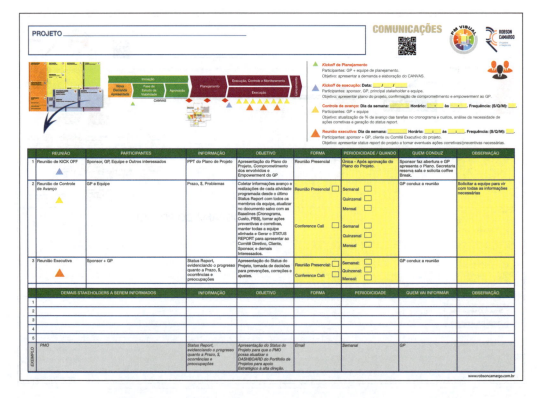

Visão geral   CAPÍTULO 3

3.1.7 TELA DE RISCOS

Quais as ameaças, suas probabilidades de acontecer, seus impactos e as ações para tratamento, colocados em uma matriz conhecida como matriz PxI: Probabilidade x Impacto. Sua elaboração leva cerca de 1 hora.

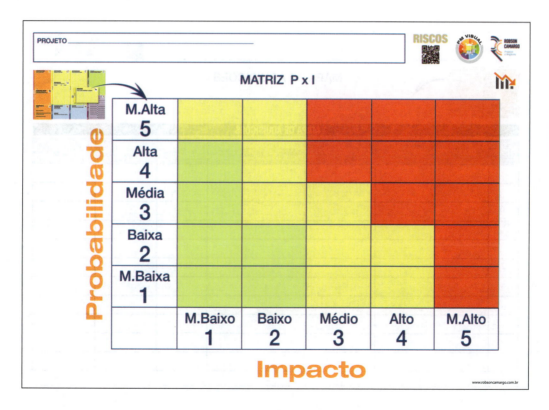

Acesse o arquivo do CANVAS:

51

3.1.8 TELA DE AQUISIÇÕES

Lista dos itens a serem comprados e serviços a serem contratados para a execução do projeto. Sua elaboração leva cerca de 1 hora.

Visão geral CAPÍTULO 3

3.2 Visão geral da expansão

A partir do CANVAS de Projetos, uma lâmina para cada detalhamento de cada área do CANVAS.

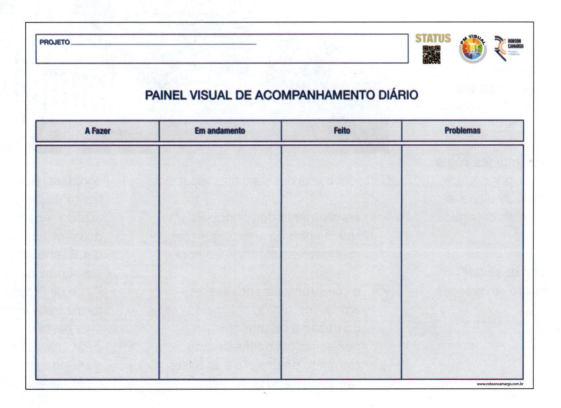

É importante levantar aqui uma questão: **em quais tipos de projeto a utilização do PM VISUAL pode ser de grande utilidade?**
Resposta: em todos!

Entretanto, aqui também cabe uma consideração: **para projetos pequenos e médios, é bem provável que não seja necessário detalhar mais do que é detalhado no PM VISUAL.**

Porém, para projetos grandes, como uma usina hidrelétrica, por exemplo, persiste a necessidade de elaborar um Plano de Projeto mais detalhado, da forma tradicional.

Então, qual é o ganho de se fazer o PM VISUAL para um projeto grande?

O benefício está nos seguintes aspectos:

- **envolvimento dos principais** *stakeholders* do projeto que têm informações fundamentais para o sucesso;
- **o comprometimento** desses envolvidos, obtido por meio do trabalho colaborativo, pois se faz um **delineamento completo do projeto e as bases são estabelecidas de forma conjunta.** Essas bases serão o ponto de partida – já de comum acordo – para a próxima etapa do planejamento, ou seja, o detalhamento de todos os elementos que compõem um Plano de Projeto completo, da forma tradicional, agregados em uma pasta.
- o PM VISUAL facilita muito o planejamento posterior a ser feito de forma ainda mais detalhada.

54

Visão geral CAPÍTULO 3

3.3 O controle do PM Visual

O controle no PM VISUAL pode ser feito por meio do *pulse check*, que é uma tela A1 para deixar à vista, para que todos tenham acesso, a qualquer hora, às macrotarefas: A FAZER, EM ANDAMENTO e FEITO e PROBLEMAS. O uso desse painel sobre o andamento do projeto pode ser feito periodicamente por meio de uma reunião rápida com a equipe, deixando à mostra o *status* do Projeto.

Esse painel pode conter o que será feito no decorrer da semana ou do mês, muito conhecido como Kanban nos métodos ágeis.

Tela de controle do PM VISUAL

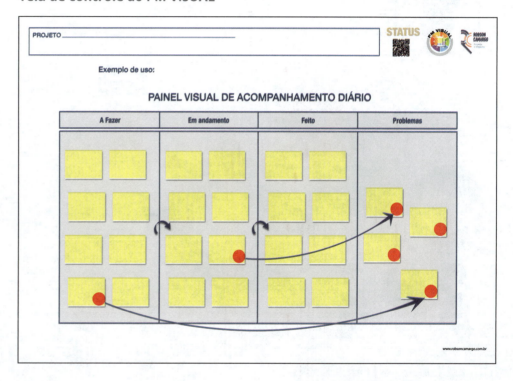

O melhor método é aquele que traz o resultado desejado!

55

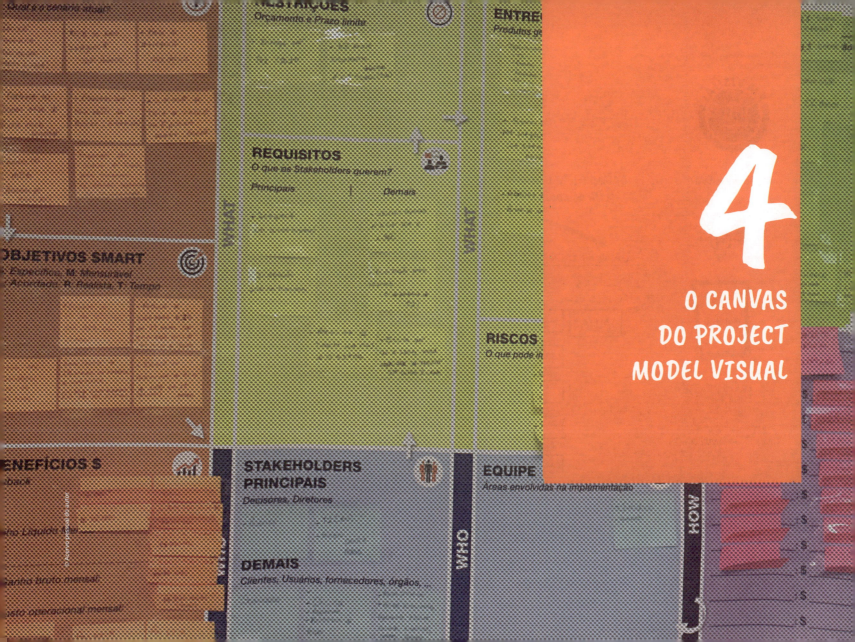

4

O CANVAS DO PROJECT MODEL VISUAL

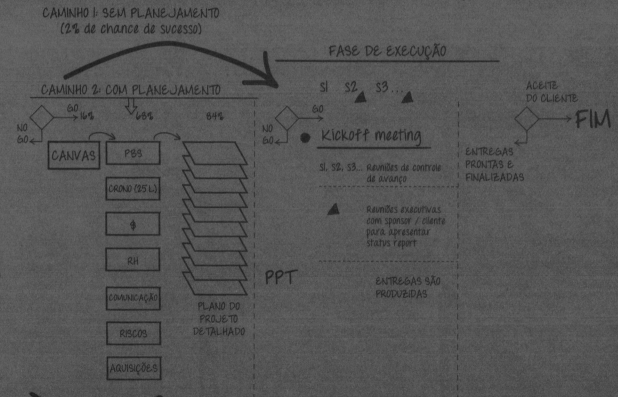

O CANVAS do Project Model Visual — CAPÍTULO 4

Antes de falar do CANVAS de projetos do PM Visual, vamos esclarecer o que significa a palavra CANVAS e de onde surgiu.

A palavra **CANVAS significa TELA, QUADRO**, e o seu uso no mundo corporativo vem de um conceito batizado como *BUSINESS MODEL CANVAS*, concebido por Alexander Osterwalder, em 2008, para desenvolver e esboçar modelos de negócio novos ou mesmo já existentes.

O *BUSINES MODEL CANVAS* é um mapa visual pré-formatado, contendo blocos de informações necessárias quando se discute o modelo de negócios, que visa facilitar a discussão e o entendimento entre várias pessoas sobre um plano de negócios que se deseja estudar.

O CANVAS originalmente proposto por Osterwalder adotou um quadro com nove áreas estratégicas distintas, que servem como um ponto de partida para que empresários ou empreendedores possam descrever e testar seus negócios de forma rápida. Por meio de uma interface muito intuitiva e eficaz, o usuário pode construir seu modelo de negócios de forma colaborativa, com o uso de Post-Its®, em cada uma das áreas estratégicas propostas, em torno de 2 horas.

Esse conceito de CANVAS se tornou tão popular e útil no mundo corporativo que passou a ser utilizado para descrever, visualizar e avaliar diversas coisas, por ser ágil, versátil, visual, colaborativo, dentre tantas outras qualidades. Atualmente, existem centenas de modelos de CANVAS, cada um adaptado a uma necessidade diferente do conceito original, como no exemplo a seguir, utilizado em um hospital.

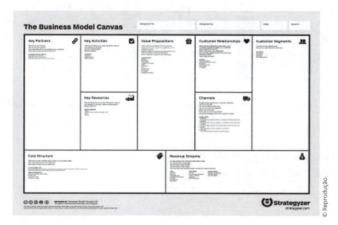

Existe CANVAS para fazer sessões de coach de carreira, CANVAS para aplicar Design Thinking, dentre tantas outras finalidades

Uso do CANVAS em um hospital

4.1 O CANVAS de projetos do PM VISUAL

O CANVAS do PM VISUAL é uma lâmina utilizada para a elaboração de um *draft*, uma visão macro inicial do projeto, organizado em 11 áreas agrupadas dentro de dois tópicos muito conhecidos: o "5W e 2H".

Essa visão macro é elaborada em grupo, de forma colaborativa, em cerca de duas horas de trabalho.

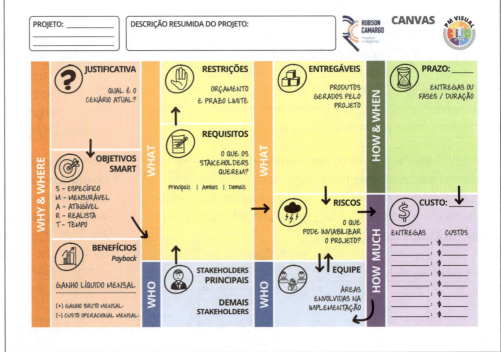

Acesse o arquivo do CANVAS:

O CANVAS é uma excelente visão executiva e, portanto, a participação do EXECUTIVO PRINCIPAL envolvido com o projeto em questão é da MÁXIMA IMPORTÂNCIA.

O CANVAS do Project Model Visual 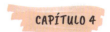 CAPÍTULO 4

4.1.1 O CANVAS DO PM VISUAL

Tela em tamanho A1, divida em 11 áreas com foco em PROJETO.

- **Duração:** 2 horas, aproximadamente.
- **Utilização:** projetos pequenos, médios, grandes e muito grandes.
- **Confiabilidade nas estimativas:** 16%.
- **Quantidade de pessoas recomendadas para elaborar:** de 6 a 15.

61

O **5W2H** é uma das técnicas mais antigas e eficazes para a concepção de uma ideia ou para planejar atividades, tarefas e ações, em nível macro, para a execução de um trabalho.

SIGLA	INGLÊS	PORTUGUÊS	RELAÇÃO COM O PROJETO NO PM VISUAL
5W	Why (W1)	POR QUÊ	*Por que* fazer o projeto?
5W	Where (W2)	ONDE	*Onde* estamos e *Onde* queremos chegar?
5W	What (W3)	O QUÊ	*O que* o cliente quer? *O que* o projeto irá produzir? *O que* pode inviabilizar o projeto: restrições e riscos inadmissíveis?
5W	Who (W4)	QUEM	*Quem* são os interessados? *Quem* irá executar?
5W	When (W5)	QUANDO	*Quando* as atividades serão realizadas?
2H	How (H1)	COMO	*Como* o projeto será realizado?
2H	How Much (H2)	QUANTO	*Quanto* vai custar?

62

O CANVAS do Project Model Visual — CAPÍTULO 4

Os **5Ws** e **2Hs** correspondem a palavras de origem inglesa e foram utilizados como base para agrupar as áreas do CANVAS de projetos do PM VISUAL. Junto com isso, organizei também por cores. Veja a seguir:

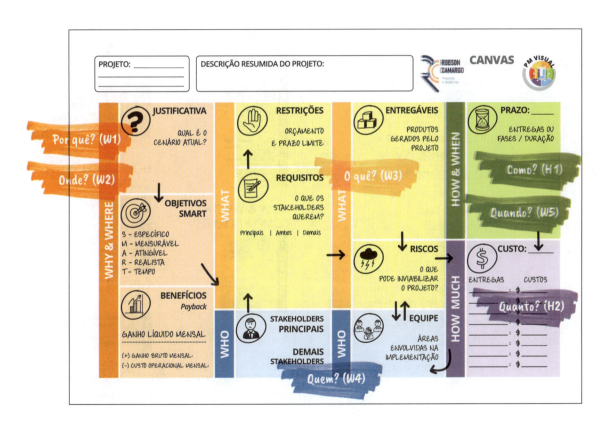

63

4.1.2 O SIGNIFICADO DAS CORES E DOS BLOCOS NO CANVAS DO PM VISUAL

Quando agrupamos as informações em blocos, o cérebro as entende melhor, e isso facilita a compreensão das coisas.

Por exemplo, no Brasil, os números de telefone e CPF são informações que naturalmente convencionou-se falar em forma de blocos:

👉 Telefone: 9 5555-5555 (forma mais comum). Tente falar o seu telefone com outro agrupamento, por exemplo, 95 55 55 55 55. Talvez você mesmo se confunda. Ao falar para a outra pessoa, é possível até que ela não entenda, pois o cérebro dela já está preparado para receber os números que virão num certo agrupamento padrão já conhecido.

👉 CPF: 055.555.555-05, agora com outro agrupamento, 0.55.55.55.555.5. Provavelmente acontecerá o mesmo que descrevemos sobre o telefone. A outra pessoa possivelmente não captará a informação.

Veja como ficam os agrupamentos das informações no CANVAS:

WHY & WHERE
POR QUÊ e ONDE

HOW & WHEN
COMO e QUANDO

WHAT
O QUÊ

HOW MUCH
QUANTO

WHO
QUEM

Durante a montagem do CANVAS, sugere-se a utilização de Post-Its® com as cores correspondentes.

64

O CANVAS do Project Model Visual — CAPÍTULO 4

4.2 Qual a sequência para a elaboração?

4.2.1 SIGA A SETA DO CANVAS

Perceba que em todas as áreas existe uma **SETA** indicando a sequência das próximas áreas a serem trabalhadas.

Essa sequência tem uma lógica e facilitará o Planejamento do Projeto por parte de todo o grupo.

Veja a sequência a seguir:

1. Justificativa
2. Objetivos
3. *Stakeholders* (principais e demais)
4. Requisitos
5. Restrições (prazo e orçamento)
6. Entregas
7. Riscos
8. Equipe (áreas envolvidas)
9. Prazo
10. Custo
11. Benefícios

Acesse o arquivo do CANVAS:

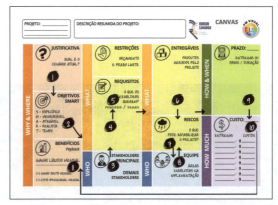

É possível que o grupo queira alterar essa ordem. Por exemplo, é muito comum adotar a sequência: restrições, entregáveis e depois requisitos. Tanto que criei outra versão para essa ordem. Veja a seguir:

65

4.3 Explicação de cada área do CANVAS

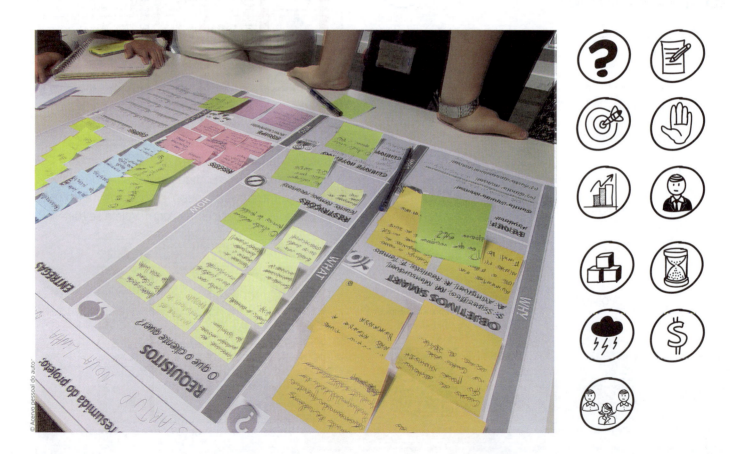

O CANVAS do Project Model Visual   CAPÍTULO 4

4.3.1 NOME E DESCRIÇÃO DO PROJETO

A primeira coisa a fazer é descrever o projeto, ou seja, do que se trata, antes de entrar em cada parte do CANVAS propriamente dito.

Projeto: dê um nome para o projeto, por meio do qual ele será referenciado na empresa.

1. Pode ser um nome bastante significativo, de forma que ao ouvirem já façam uma ideia do que se trata, por exemplo: "AU AU NA NET". Deve ser algo para cachorro ou *pet* na internet.
2. Pode ser, intencionalmente, um código que ninguém conheça, por questões estratégicas e de confidencialidade. Por exemplo: "yxk2z35".

Descrição resumida do projeto: **descreva, em uma frase, o que é o projeto.** Essa descrição deve ser sumária, com o objetivo de que fique claro para qualquer *stakeholder*, além de despertar o interesse de outras partes (investidor, cliente ou seu chefe) pelo seu projeto, a ponto de que queiram ouvir mais a respeito.

Sugestão: comece com verbo. Exemplo: implantar, lançar, criar.
Ou então com um substantivo oriundo de um verbo:
Exemplo: implantação, lançamento, criação de.

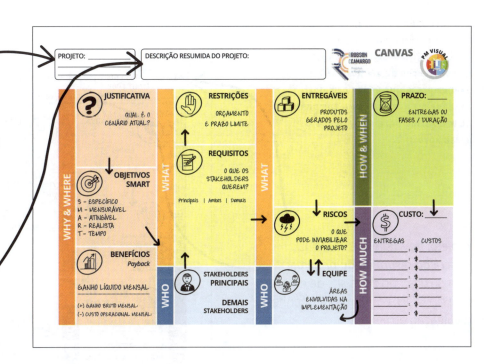

67

NOTA:

Durante todo o livro, para mostrar como trabalhar com o método PM VISUAL, utilizaremos o exemplo da construção de um novo *site* de uma empresa que vende comidas saudáveis e que fará uma campanha de marketing para a divulgação desse novo *site*.

Projeto: novo *site* LIGHT FOOD.
Descrição resumida do projeto: "Construção do novo *site* da empresa LIGHT FOOD, com uma campanha de divulgação atraente".

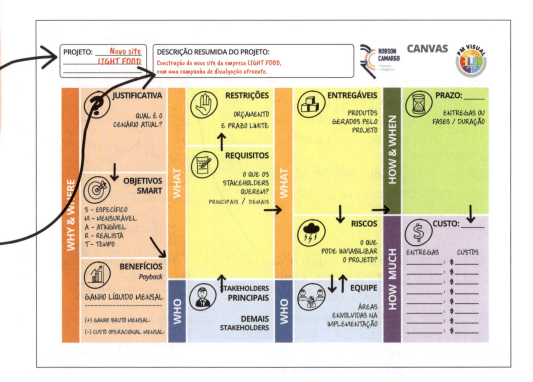

68

O CANVAS do Project Model Visual CAPÍTULO 4

4.3.2 W1: WHY (POR QUÊ?)
W2: WHERE (ONDE?)

Por que fazer o projeto?
Onde estamos?
Onde queremos chegar?

Por que fazer o projeto? Onde estamos atualmente? Qual a situação existente no momento? Em outras palavras, quais as JUSTIFICATIVAS para que o projeto seja empreendido?

Onde queremos chegar?
Quais os OBJETIVOS pretendidos com esse projeto?

Quais BENEFÍCIOS FINANCEIROS pretende-se alcançar? O projeto é realmente viável economicamente?

69

Área **JUSTIFICATIVA**

Aqui você deverá escrever **por que** o projeto deve ser realizado, o que motiva sua implementação, ou seja, as razões pelas quais a empresa deve executá-lo.

Procure descrever o **cenário atual**, pensando em uma das seguintes abordagens:

- contar todas as **coisas ruins** que existem **atualmente**;

- contar todas as **oportunidades** que estão sendo vislumbradas.

Preferencialmente, procure utilizar a primeira abordagem, pois ela remeterá seu pensamento à **situação atual**, enquanto a segunda poderá remeter o seu pensamento à situação desejada, a qual naturalmente será descrita na sequência.

Sugestão para melhorar a sua escrita na área Justificativa:
Imagine que você encontrou o presidente de sua empresa e ele lhe faz a seguinte pergunta: "Soube que você está propondo o projeto tal, por quê?". Você tem pouco tempo para convencê-lo, pois ele é muito ocupado e está sempre em reuniões. Sugestão: deixe-o *desesperado*, a ponto de ele terminar a conversa da seguinte forma: "Esse projeto tem que ser feito imediatamente. Esteja na minha sala em 30 minutos. Mais uma coisa: durante a execução, qualquer coisa que você precisar para esse projeto, vá diretamente à minha sala, está bem? Eu disse *qualquer coisa*!".
Pronto, certamente seu projeto está aprovado e terá toda a prioridade do mundo.

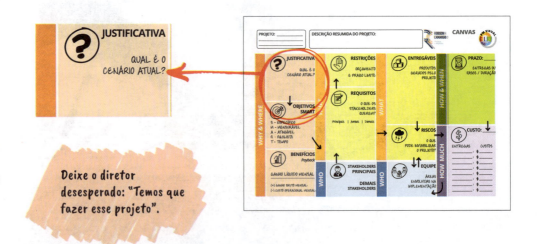

70

O CANVAS do Project Model Visual — CAPÍTULO 4

Como preencher a área JUSTIFICATIVA do CANVAS?

Cada integrante da equipe envolvido nessa parte do planejamento deverá escrever um, dois ou quantos Post-Its® desejar, com os "motivos", os "porquês" pelos quais o projeto deve ser feito, utilizando as abordagens citadas anteriormente. Durante a escrita, o grupo deve permanecer em silêncio, sem comentar com os demais aquilo que estiver pensando ou escrevendo. Quando todos terminarem, cada um deverá ler seus Post-Its®, para análise e aprovação de todo o grupo. Os Post-Its® aprovados devem então ser colocados no CANVAS, e os Post-Its® não aprovados deverão ser descartados.

- Uma justificativa por Post-It®.
- Escreva uma frase mesmo, e não tópicos apenas. Exemplo: "Alto número de reclamações dos clientes em relação à tampa do produto".

Usar Post-Its® de cor laranja e trabalhar de forma colaborativa.

JUSTIFICATIVAS do projeto exemplo LIGHT FOOD:

- o *site* atual não é atraente;
- o *site* atual é muito comercial e pouco informativo;
- cerca de 80% das pessoas que entram no *site* o abandonam em menos de 20 segundos;
- outras empresas bem mais novas no mercado têm obtido uma busca orgânica na internet muito maior e vêm se tornando referência no assunto de comidas saudáveis, algo que poderia estar sendo feito pela nossa empresa;
- o *site* atual não possui um *blog* com informações úteis para as pessoas que buscam uma nutrição saudável;
- poucas pessoas conhecem de fato a empresa LIGHT FOOD no mercado;
- o *site* não expressa o tamanho e a potencialidade de serviços que a empresa oferece.

71

Área OBJETIVOS

Baseado nas JUSTIFICATIVAS consensadas, o grupo deverá discutir quais são os objetivos pretendidos. Os objetivos do projeto são as metas quantificadas que se pretende atingir após o projeto ser implementado. O fato de determinar o objetivo de foma **específica** e **mensurável** fará com que se determine o tamanho do esforço que terá que ser feito para alcançar o resultado desejado.

Algumas pessoas e empresas chamam os objetivos de METAS, outros de INDICADORES ou *Key Process Indicators* (KPIs) desejados, que, no fundo, querem representar a mesma coisa.

Assim, ao determinar o objetivo de seu projeto, pense sempre de forma **SMART**, um acrônimo oriundo da língua inglesa que significa:

ESPECÍFICO
O que se pretende de fato, concretamente, com o projeto, de forma objetiva. Procure utilizar uma frase bem definida começando sempre com um VERBO.
Por exemplo:
- Aumentar o número de clientes.
- Aumentar o *market share*.
- Melhorar a produtividade.
- Reduzir os custos.
- Diminuir as perdas.

ATINGÍVEL/ACORDADO
Deve ser um objetivo factível de se cumprir, estando estabelecido de comum acordo entre todas as partes envolvidas: clientes, organização executora e decisores.

MENSURÁVEL
Coloque sempre um número de modo que você possa medir.
Por exemplo:
- Em 500 novos clientes.
- Em 10%

Quando se coloca um NÚMERO, o projeto ganha uma noção melhor do tamanho do calibre que deverá ter o tiro para "matar" o inimigo. Pois se o projeto for implementado e obtiver um aumento de apenas 1% no indicador desejado, por exemplo, você poderá dizer "é, aumentou, mas será que era o que esperávamos?".

REALISTA
Coloque uma META MENSURÁVEL que esteja de acordo com a realidade e contexto da empresa. Por exemplo:
- Aumentar em 30% o *market share*, pois se estabelecer uma meta de 300% será muito difícil de atingir. Isso em qualquer mercado competitivo.

Uma meta impossível e fora da realidade de mercado desmotiva a todos.

TEMPO
Aponte em quanto tempo pretende-se atingir a meta MENSURÁVEL estabelecida.
Por exemplo:
- Em até um ano após a implementação.

Exemplo:
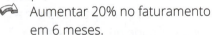
- Aumentar 20% no faturamento em 6 meses.
- Redução de 30% nas perdas da produção.
- Atingir 1.000 clientes em 1 ano.

O CANVAS do Project Model Visual — CAPÍTULO 4

Como preencher a área OBJETIVOS do CANVAS?

O grupo deve definir em conjunto. OBJETIVOS do projeto exemplo LIGHT FOOD:

- aumentar o número de visitas em 50% até 6 meses após a implantação do projeto;
- aumentar o tempo de permanência para um mínimo de 3 minutos para 70% das pessoas que entrarem no *site*;
- tornar o *site* a principal referência em comidas saudáveis do país em um ano após o lançamento do novo *site*;
- aumentar o faturamento em 100% em um ano após o lançamento do novo *site*.

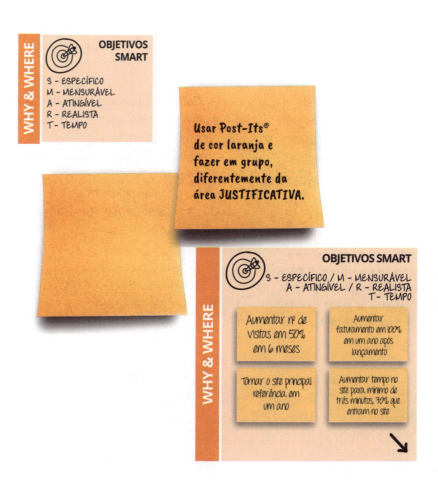

Área BENEFÍCIOS

Essa área deverá ser a **ÚLTIMA a ser preenchida no CANVAS**. Somente após ter claro quais serão os entregáveis, quanto tempo será necessário para implantar, e, principalmente, quais serão os custos, é que o grupo terá reunido os elementos necessários para fazer a elaboração da análise de viabilidade financeira do projeto.

> **OBSERVAÇÃO:** assim como os demais campos, essa é uma análise **MACRO**, a qual deverá ser refinada e revisitada quando os números de prazo e custo tiverem sido mais detalhados.

Há quatro informações a serem trabalhadas nessa área:
- Payback
- Ganho líquido mensal
- Ganho bruto mensal
- Custo operacional mensal

(-) Custo operacional mensal: qual será o custo mensal decorrente do projeto a partir de sua implantação? Procure começar pelo ganho bruto mensal:

(+) Ganho bruto mensal: qual será o ganho mensal decorrente do projeto a partir de sua implantação? Procure traduzir os objetivos SMART em dinheiro ($).
Como estimar os ganhos?
Os ganhos podem vir basicamente de três possibilidades:

1. aumento de receita;
2. diminuição de despesas; ou
3. evitar perda futura.

Quando os dados não estão disponíveis e nem é possível estimá-los, sugere-se o uso de CENÁRIOS. Por exemplo: se a empresa tiver um aumento de ganho de 1%, ou, ainda, a cada 1% de ganho, quanto isso representa em termos financeiros?

Ganho líquido mensal = Ganho bruto mensal – Custo *operacional mensal*, ou seja, quanto vai "sobrar" de ganho líquido efetivamente.

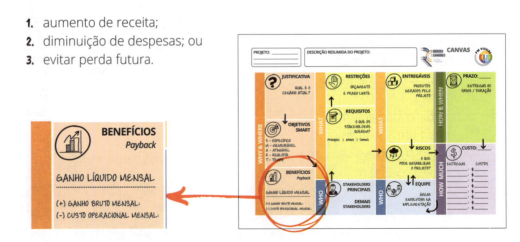

74

O CANVAS do Project Model Visual — CAPÍTULO 4

Payback: em quanto tempo o projeto se paga, a partir da implantação. Tomando como base o lucro líquido em relação à somatória dos custos a que o grupo chegou, basta dividir o custo do projeto pelo ganho líquido mensal.

Para chegar no ganho líquido mensal, há dois caminhos:

1. Calcular o "custo operacional mensal" e subtraí-lo do "ganho bruto mensal".
2. Calcular um percentual sobre um ganho atual como sendo margem líquida de ganho. Exemplo: a empresa fatura atualmente R$ 1 milhão por mês e trabalha com uma margem líquida de ganho de 20%. Com o projeto vai faturar mais R$ 200 mil por mês, 20% de margem sobre o ganho de R$ 200 mil incremental e R$ 40 mil de ganho líquido mensal.

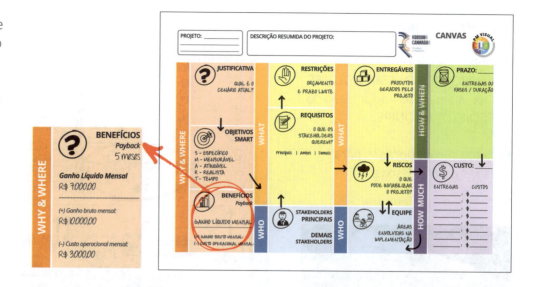

Exemplo do projeto LIGHT FOOD:
Custos de projeto: R$ 35 mil

👉 **Custo operacional mensal:** R$ 3 mil

👉 **Ganho bruto mensal:** R$ 10 mil (*em função do aumento de vendas de cerca de 600 pratos por mês*)

👉 **Ganho líquido mensal:** R$ 7 mil

👉 *Payback:* 5 meses (R$ 35 mil / R$ 7 mil)

Que bom! O projeto é totalmente viável economicamente. Podemos seguir em frente.

75

4.3.3 W3: WHO (QUEM?)

1. Quem decidirá e desfrutará do PROJETO? Os **STAKEHOLDERS**.
2. Quem atuará na implantação do PROJETO? A **EQUIPE**.

Projetos são elaborados para pessoas e por pessoas.

Todo projeto precisa de pessoas para produzir algo para outras pessoas.

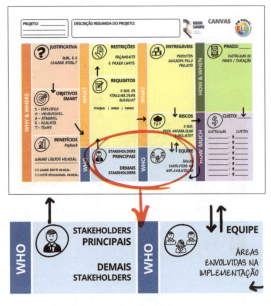

STAKEHOLDERS

Stakeholders são partes interessadas, ou seja, um indivíduo, grupo ou organização que possa afetar, ser afetado, ou sentir-se afetado por uma decisão, atividade ou resultado de um projeto, programa ou portfólio.

As pessoas para quem o projeto está sendo empreendido são os maiores interessados no projeto e, portanto, são os que merecem toda a atenção para terem suas expectativas e necessidades atendidas.

EQUIPE

De nada adiantará ter uma ideia fantástica se não houver pessoas para atuar no projeto e produzir o produto, serviço ou resultado esperado. Muitas vezes, as áreas têm outras prioridades, mas o gerente de projeto deverá pensar e definir com clareza quais áreas devem ser envolvidas no projeto, conseguir as pessoas e obter comprometimento de todos para que as coisas aconteçam. Para isso, é necessário a ajuda do *SPONSOR*.

76

O CANVAS do Project Model Visual — CAPÍTULO 4

Área *STAKEHOLDERS*

O projeto sempre gerará um produto, serviço ou resultado para um ou mais clientes, que podem ser classificados como PRINCIPAIS ou DEMAIS *STAKEHOLDERS*.

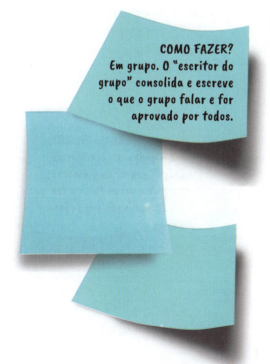

COMO FAZER?
Em grupo. O "escritor do grupo" consolida e escreve o que o grupo falar e for aprovado por todos.

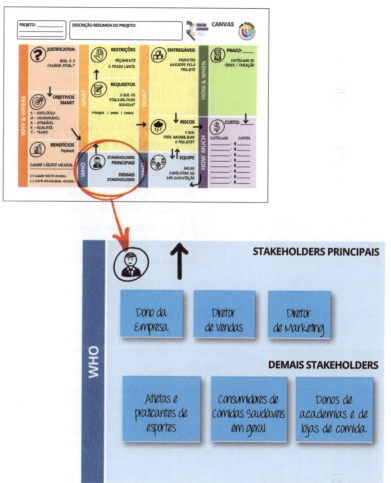

Stakeholders principais: são aqueles que têm a maior autoridade na decisão do produto, serviço ou resultado a ser gerado, e que terão maior prioridade quanto às definições sobre os requisitos do projeto e linha que este deverá seguir. Além disso, os *stakeholders* principais poderão estar de olho nas expectativas dos "demais *stakeholders*", pois provavelmente estes serão aqueles que o projeto terá que atender. Ao colocá-los, estes devem ser personalizados pelo cargo ou nome, e não um departamento. São os decisores sobre o projeto.

Demais *stakeholders*: são aqueles que farão uso do produto do projeto, ou ainda aqueles que também poderão influenciar quanto às características do produto ou serviço gerado pelo projeto, porém com menor prioridade que os "Principais", pois não são decisores. Estes TERÃO que ser fortemente considerados. Pois muitas vezes o produto gerado pelo projeto é justamente para eles, e portanto, seria ideal escutá-los para que o produto gerado seja o mais aderente possível. Aqui não precisa ser personificado para uma pessoa ou função. Pode ser mais genérico, pode ser uma área, um departamento, uma organização externa.

EXEMPLOS POSSÍVEIS:

Stakeholders principais: diretor da área demandante do projeto; quem está pagando o projeto; um usuário interno da empresa para o qual terá um sistema desenvolvido.

Demais stakeholders: um usuário do produto, órgãos regulatórios, cliente, área que será afetada após a implantação do projeto.

Exemplo do projeto LIGHT FOOD:

- *Stakeholders* principais: dono da empresa, diretor de vendas, diretor de marketing.

- Demais *stakeholders*: atletas e praticantes de esportes em geral, clientes que compram comidas saudáveis, donos de academia, donos de lojas de comida.

COMO FAZER?
Em grupo. O "escritor do grupo" consolida e escreve o que o grupo falar e for aprovado por todos.

O CANVAS do Project Model Visual CAPÍTULO 4

Área **EQUIPE**

Aqui é que se ganha o jogo! O projeto precisa de GENTE, PESSOAS ENCARNADAS para atuar no projeto. Portanto, aponte quais áreas EFETIVAMENTE DEVEM se envolver e atuar no projeto.

Exemplo do projeto LIGHT FOOD:

Equipe

- TI;
- Marketing;
- Logística;
- Produção;
- Financeiro.

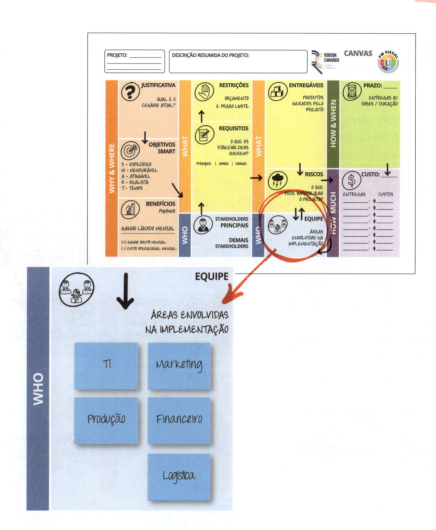

COMO FAZER?
Em grupo. O "escritor do grupo" consolida e escreve o que o grupo falar e for aprovado por todos.

79

4.3.4 W4: WHAT (O QUÊ?)
O QUE O PROJETO PRODUZ?

Todo projeto gera produtos, serviços ou resultados, chamados **DELIVERABLES** (entregas).

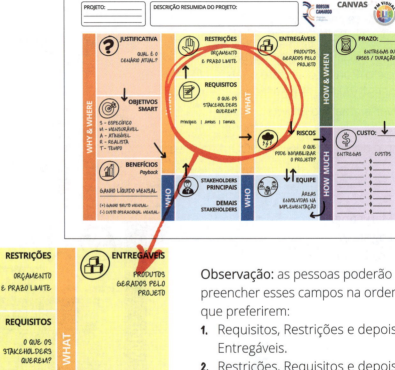

Essa área amarela é o coração do CANVAS, pois aqui deve-se colocar tanto os ENTREGÁVEIS, ou seja, o que será produzido para atender ao que se espera como resultado do projeto, quanto os REQUISITOS, que são as características que estes deverão ter.

Além disso, deve-se atentar para o que pode inviabilizar ou limitar as opções do projeto: as **RESTRIÇÕES** e os **RISCOS**.

Observação: as pessoas poderão preencher esses campos na ordem que preferirem:
1. Requisitos, Restrições e depois Entregáveis.
2. Restrições, Requisitos e depois Entregáveis.
3. Restrições, Entregáveis e depois os Requisitos.

O Guia PMBOK® recomenda a opção 2. A mais praticada é a opção 3.

80

O CANVAS do Project Model Visual — CAPÍTULO 4

Área **RESTRIÇÕES**

Restrições é tudo aquilo que LIMITA o que vai ser feito.

O gerente de projeto deverá procurar saber junto ao principal interessado do projeto – o *SPONSOR*, ou seja, QUEM ESTÁ PAGANDO O PROJETO:

1. De quanto é a verba.

2. Qual o limite de prazo para implementar o projeto.

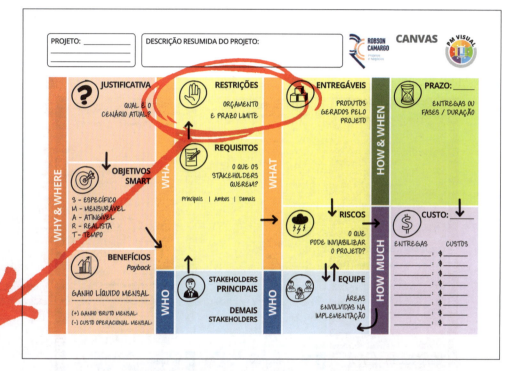

Algumas palavras-chave para as restrições:
PRAZO: tem que estar pronto ATÉ.
CUSTO: gastar no máximo, só temos R$ X.

Em função disso, criei uma outra versão do CANVAS. Veja:

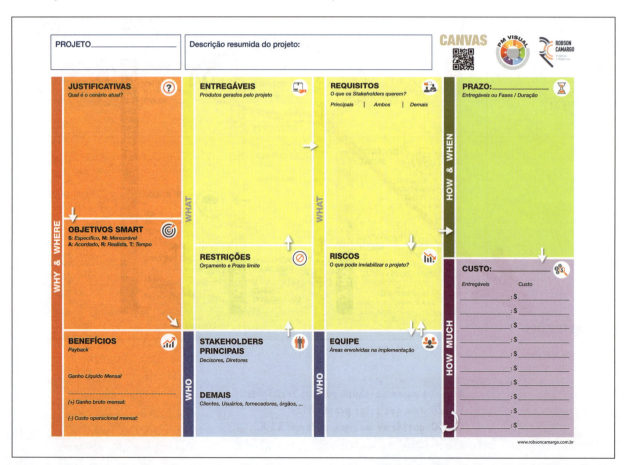

O CANVAS do Project Model Visual

Se o *sponsor* disser que o projeto não tem restrições de prazo e custo, não coloque nada nessa área. Deixe-a em branco.

Mas se ele disser algo do tipo:

 "Você pode gastar no máximo R$ X".

 "Esse projeto **TEM** que estar pronto **ATÉ** o começo de dezembro, pois precisamos pegar as vendas do Natal..."

Pronto, surgiram aí duas restrições.

Outro exemplo:

Imagine que um casal vai viajar para a Europa, e a mulher ou o marido – quem controla as finanças da casa – diz assim: "Nós temos no máximo R$ 30 mil para passar 20 dias na Europa e não podemos gastar mais do que isso!". Pronto, o casal vai ter que fazer a viagem dentro desse orçamento e, portanto, o ESCOPO da viagem terá que levar isso em consideração. Tavez tenha que optar por um hotel menos luxuoso, escolher entre alguns passeios em vez de todos, optar por trazer menos lembranças, restringir as compras, ou seja, terá que "se virar nos 30" para que a viagem caiba dentro desse orçamento.

Exemplo do projeto LIGHT FOOD:
Restrições

- O orçamento: R$ 40 mil.
- Prazo limite: 3 meses.

Observação: é muito comum as pessoas quererem colocar aqui o limite de recursos humanos disponíveis para o projeto.

Sugestão: aloque essa e outras restrições diferentes de prazo e orçamento em Riscos.

83

Área REQUISITOS

REQUISITOS são atributos dos ENTREGÁVEIS. Significa o que o cliente quer que os entregáveis tenham como características! Muitas vezes, as pessoas se esquecem de fazer esta simples pergunta: "Cliente, o que você quer que o seu entregável tenha?". Parece incrível, mas no mundo corporativo isso é relativamente comum. Procure utilizar, sempre que possível, ADJETIVOS para expressar as características de algo desejado.

Por exemplo: se você vai implantar um novo *site* para a sua empresa, e o *STAKEHOLDER* PRINCIPAL, o SOLICITANTE dessa demanda, for o presidente da empresa, você terá que saber exatamente o que ele quer, ou seja, um *site* moderno, inovador, para que o projeto possa produzir um produto que o atenda na plenitude. Mas também temos que considerar o diretor de vendas, o de marketing, o de RH e, claro, os clientes finais que vão utilizar esse novo *site*, em outras palavras, todos os *stakeholders* que foram apontadas no CANVAS.

Nós chamamos entregas de ENTREGÁVEIS

Ao ler: "O que os stakeholders querem", pense em características dos entregáveis. Nessa área há três colunas: PRINCIPAIS, AMBOS e DEMAIS

84

O CANVAS do Project Model Visual — CAPÍTULO 4

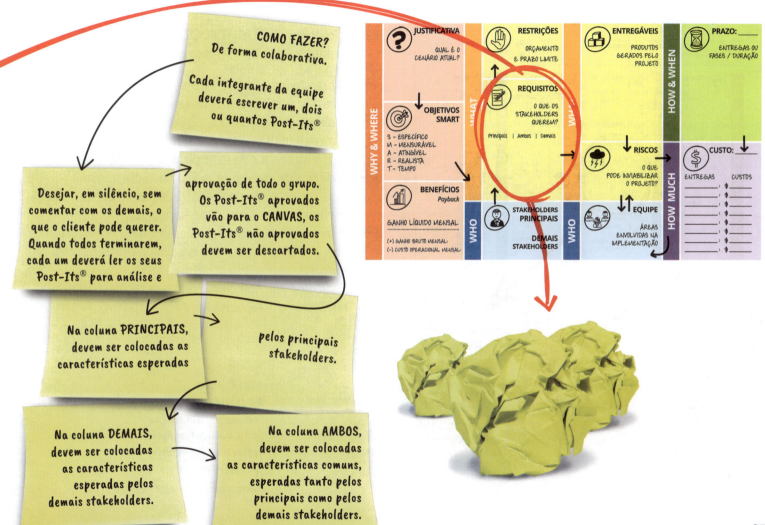

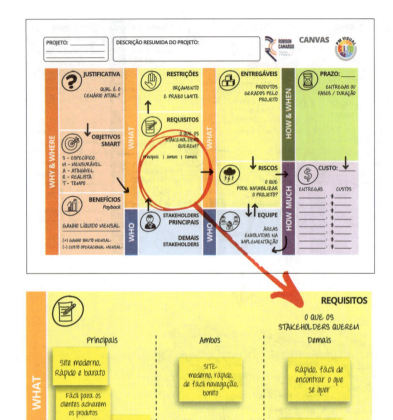

Exemplo do projeto LIGHT FOOD:
O que cada *stakeholder* quer do novo *site*

- *O presidente*: que os clientes amem o novo site e que este seja moderno, fácil de usar e rápido.
- *O diretor de vendas*: que os clientes da empresa enxerguem os produtos e serviços da empresa de forma atraente e descomplicada.
- *O diretor de marketing*: que o novo *site* transmita alguns valores da empresa – seriedade, competência, profissionalismo, novidade, vanguarda.
- *O diretor de RH*: que o *site* demonstre a preocupação que a empresa tem com os colaboradores e com o ser humano.
- *O cliente final*: que o novo *site* seja rápido, fácil de encontrar o que se deseja, claro e objetivo.

OBSERVAÇÃO:
Ao descrever requisitos, indique no alto do Post-It® a qual entregável se referem as características ali descritas.

O CANVAS do Project Model Visual
CAPÍTULO 4

Área ENTREGÁVEIS

Entrega/*Deliverable*: qualquer produto, resultado ou capacidade de restituir um serviço que seja único e verificável, produzido para concluir um processo, fase ou projeto (Guia PMBOK®, 6ª edição). Entrega, sendo mais direto, é o produto ou resultado de um processo.

Esta área é literalmente o **coração** do CANVAS. A partir dela, tudo será planejado, detalhado, pois representa exatamente o "O QUE" será entregue ao cliente.

Procure pensar em SUBSTANTIVOS e não em verbos, pois os entregáveis devem expressar "coisas". Em inglês, são os chamados *DELIVERABLES* do projeto.

Vejamos um exemplo:
Projeto de construção de uma fábrica nova – Deliverables possíveis: galpão de produção, docas para entrega, recepção, portaria, refeitório, prédio administrativo, infraestrutura de água, esgoto e vias de acesso, equipamentos, sistemas, máquinas, treinamento e novos funcionários.

Observação: a tradução correta de *deliverables* é entregas. Porém, é mais comum as pessoas falarem "entregáveis", por isso usei esse termo.

Exemplo do projeto LIGHT FOOD:

 Campanha de marketing: mídias sociais e revistas especializadas;
 Novo *site*: funcionalidades – produtos existentes, "monte seu prato", seção de perguntas, tela de pedido e pagamento.

COMO FAZER?
Em grupo. O "escritor do grupo" consolida e escreve o que o grupo falar e for aprovado por todos.

Aqui deve-se colocar tudo o que deve ser produzido, instalado, providenciado para que o projeto seja considerado concluído, possa entrar em operação e assim buscar atingir os objetivos pretendidos.

87

Área RISCOS

Risco: um evento ou condição incerta que, se ocorrer, provocará um efeito positivo ou negativo em um ou mais objetivos do projeto.

Nesse ponto, ainda temos poucas informações detalhadas para fazer uma boa análise de riscos sobre o que pode dar errado durante a implantação. Essa parte será feita mais adiante, quando da explosão do CANVAS em outra lâmina do PM VISUAL, sobretudo depois que for possível enxergar com maior clareza o prazo, a equipe, o escopo e outros detalhes do projeto.

Agora no CANVAS, deve-se pensar sob o ponto de vista de NEGÓCIO, em uma análise mais financeira: o que pode INVIABILIZAR o projeto, ou seja, o que pode trazer mais prejuízo do que o ganho desejado?

Por exemplo, certa vez uma empresa pensou em lançar sorvetes em tamanho e formato de bombom, para serem vendidos por unidade. Constataram que o produto seria muito consumido e que realmente se tornaria um sucesso de venda. Entretanto, a empresa diminuiria em muito a venda de seus picolés e, no final das contas, perderia muito dinheiro em vez de ganhar, como desejava. Resultado: cancelou-se o projeto.

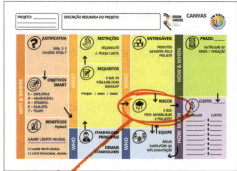

Caso não haja nenhum risco dessa natureza, ou seja, com foco em NEGÓCIO, deixe essa área em branco.

Exemplo do projeto LIGHT FOOD:

- Cliente pode pensar que a empresa só venderá via internet a partir de agora e poderá deixar de ir à loja física. (**Vale** a pena correr esse risco? É alto, baixo ou aceitável?)

88

O CANVAS do Project Model Visual | CAPÍTULO 4

4.3.5 W5: WHEN (QUANDO?)
H1: HOW (COMO?)

Área de PRAZO

QUANTO TEMPO?
Para cada Post-it da área de ENTREGÁVEIS, deve-se colocar um Post-Its® com a duração correspondente. Com base nas durações estabelecidas para os ENTREGÁVEIS a serem produzidos, considerar as restrições, os riscos, os objetivos e as áreas envolvidas, e identificar quais devem ser executadas sequencialmente ou em paralelo, para determinar em quanto tempo o projeto será concluído.

Duração: número total de períodos de trabalho necessário para finalizar uma atividade ou um ENTREGÁVEL, expresso em horas, dias, semanas ou meses.

Todo projeto leva um tempo para ser concluído.

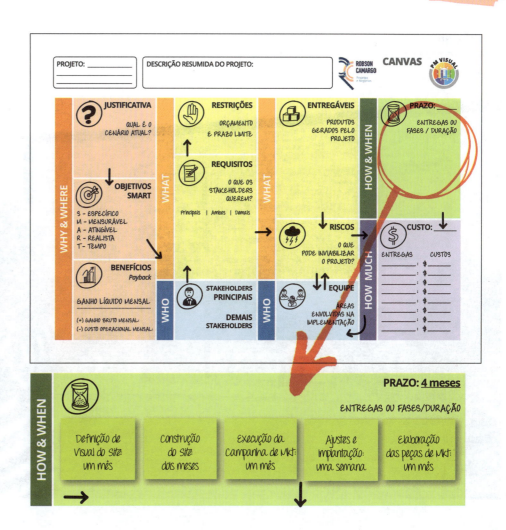

Canvas do PM Visual
Visão macro de todo o projeto em 2 horas de trabalho colaborativo.

O CANVAS do Project Model Visual — CAPÍTULO 4

PRAZO —> Ações —> Verbo —> Duração

Aqui é necessário pensar em quais fases ou grandes atividades terão que ser executadas para que os produtos sejam gerados.
Procure pensar em AÇÕES, e para isso pode-se utilizar verbos.
Procure colocar os Post-Its® considerando a LINHA DO TEMPO, ou seja, analisando o que deve ser feito primeiro, e seguir a sequência em que cada entrega deve ser produzida, determinando o que pode ou deve ser feito em paralelo ou sequencialmente. Ao final, coloque no topo da área a duração total que o grupo está estimando. Considere, mas não se prenda à restrição de prazo que porventura tenha sido estabelecida.

COMO FAZER?
Em grupo. O "escritor do grupo" consolida e escreve o que o grupo falar e for aprovado por todos.

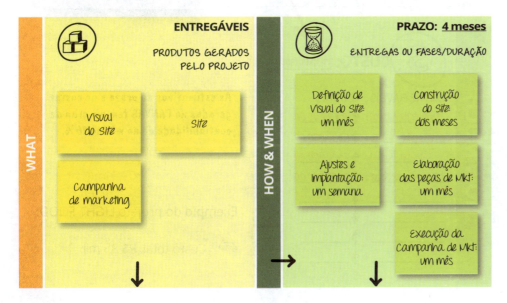

Exemplo do projeto LIGHT FOOD:

Nesse exemplo, o projeto ficou com quatro meses, ou seja, um mês a mais que a restrição imposta. **Isso poderá acontecer.** Caso o *sponsor* esteja junto na sessão de elaboração do CANVAS, ele deverá tomar a decisão do que fazer, pois esta é uma decisão de negócio, que deve ser tomada de forma compartilhada, diminuindo riscos e nível de estresse entre todos os envolvidos.

91

4.3.6 H2: HOW MUCH (QUANTO?)

Área CUSTOS

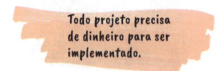

Todo projeto precisa de dinheiro para ser implementado.

Agora é hora de estimar quanto vai custar cada um dos ENTREGÁVEIS a serem produzidos, considerando as restrições, os riscos, as durações, os objetivos e as áreas que irão atuar na implantação.

Após identificar os custos envolvidos para gerar cada entregável, deve-se sumarizar para ver o investimento total a ser feito para o projeto.

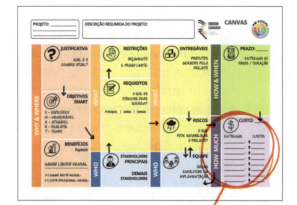

COMO FAZER?
Em grupo. O "escritor do grupo" escreve o valor aprovado por todos diretamente no CANVAS.

As estimativas de prazo e de custos geradas no CANVAS têm um grau de confiabilidade de no mínino 16%.

Exemplo do projeto LIGHT FOOD:

- Custo total: R$ 35 mil.

O CANVAS do Project Model Visual — CAPÍTULO 4

O CANVAS finalizado do projeto exemplo – Light Food

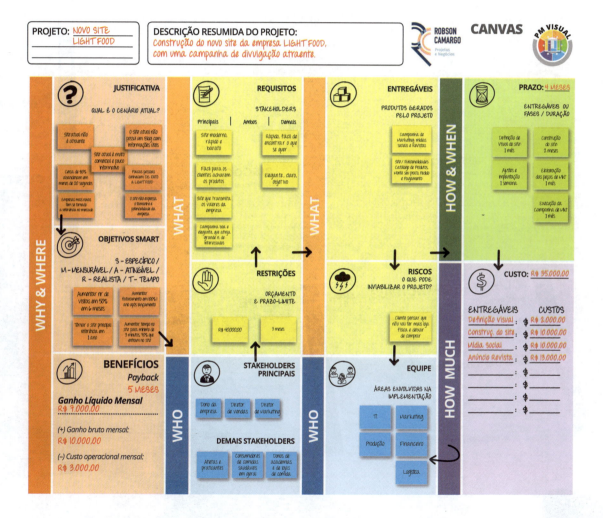

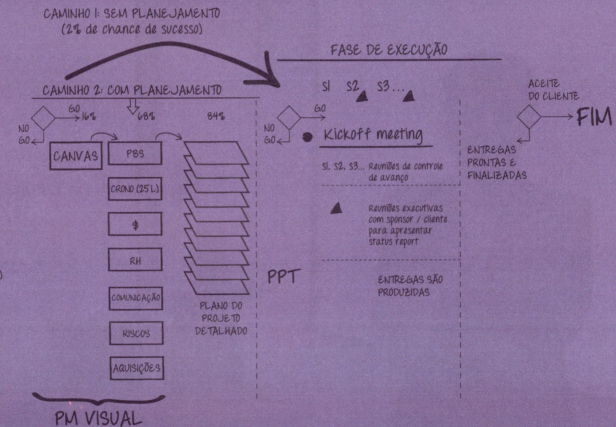

As sete lâminas do planejamento do PM VISUAL | A explosão do CANVAS

CAPÍTULO 5

5.1 1ª explosão do CANVAS: escopo do projeto

5.1.1 DETALHANDO A ÁREA DE ENTREGÁVEIS EM PBS

A primeira explosão do CANVAS é a Área de Entregáveis em uma estrutura de decomposição de produto (EDP, ou, em inglês, *product breakdown structure* – PBS) o qual também é feito em uma tela A1.

O PBS é uma decomposição hierárquica do escopo total do PRODUTO do projeto, orientado a entregáveis. O objetivo de um PBS é detalhar os entregáveis – produtos, serviços e resultados a serem obtidos pelo projeto – identificados e colocados na área ENTREGÁVEIS do CANVAS. Em outras palavras, é o "O QUE" do projeto e não "O COMO", ou seja, "O QUE" será produzido, "O QUE" será entregue.

Tela do PBS do PM VISUAL

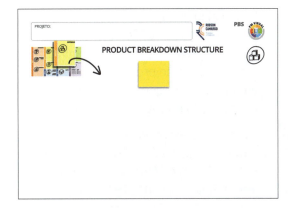

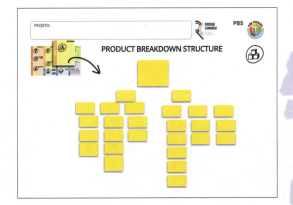

O detalhamento deve ser feito em tantos níveis quanto necessários, até que todos os envolvidos na elaboração do PBS formem a mesma imagem, a mesma ideia, dando total clareza sobre o que deve ser produzido pelo projeto.

O primeiro nível deve ser o nome do projeto. O segundo deve ser o das entregas colocadas no CANVAS e os demais níveis devem ser uma decomposição mais detalhada do segundo nível, chegando idealmente até o quarto ou quinto nível, pelo menos.

O pensamento mais assertivo para a definição do escopo é PENSAR PRIMEIRO sobre O QUE o CLIENTE quer, e depois pensar no como.

97

Veja uma ilustração de um PBS pronto:

Exemplo de um PBS do PM VISUAL elaborado

© Acervo pessoal do autor

5.1.2 USO DE CÓDIGO DE CONTA

Ao elaborar o PBS, sugerimos que cada item seja identificado com um NÚMERO, da seguinte maneira:
Nome do Projeto: 1.
Níveis abaixo: 1.1, 1.2, 1.3, 1.4.
Depois, abaixo do 1.1: 1.1.1, 1.1.2, e assim por diante.

Esses números identificadores são chamados CÓDIGO DE CONTA e serão muito úteis na tela de aquisições ou em qualquer outra referência que se queira fazer a determinado item.

5.1.3 USO DE SUBSTANTIVOS

Para a elaboração do PBS, procure utilizar apenas SUBSTANTIVOS, pois devem representar OS ENTREGÁVEIS – itens que serão produzidos ou adquiridos para que o projeto seja considerado entregue por completo.

Vamos ver o exemplo de um PBS sobre um projeto de construção de uma fábrica: PROJETO NOVA FÁBRICA (Nível 1 no PBS)
 PRÉDIO ADMINISTRATIVO
(Nível 2 do PBS – Entrega 1):
↗ Recepção
↗ Primeiro andar
   ✓ 4 salas de reunião
   ✓ 4 banheiros
      – 2 masculinos
      – 2 femininos
   ✓ 80 posições de trabalho
      – mesa
      – cadeira
      – telefone
      – microcomputador
      – armário
      – gaveteiro
↗ Segundo andar
↗ ...
↗ ...
PRÉDIO DA PRODUÇÃO
(Nível 2 do PBS – Entrega 2):
↗ ...
↗ ...

Veja um vídeo no meu canal do Youtube:

98

As sete lâminas do planejamento do PM VISUAL | A explosão do CANVAS — CAPÍTULO 5

Exemplo do PBS do projeto LIGHT FOOD

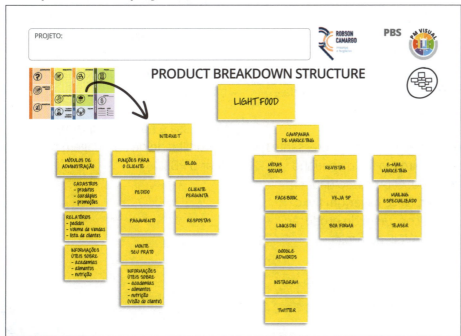

Acesse o arquivo do CANVAS:

OBSERVAÇÃO: cada Post-It® inicialmente colocado no PBS representa um entregável ou uma categoria de entregáveis, os quais podem ser identificados numericamente por meio do que chamamos de código de conta (1.1, 1.1.1 etc.), que pode ser usado para se fazer referência no momento do detalhamento.

Dica baseada no conceito do SCRUM: se você quebrar grandes projetos em pequenos projetos, aumentam as chances de sucesso, o ganho financeiro pode ser obtido mais rapidamente, são menores as chances de mudanças e de perder o "*timing*" (momento ideal de execução daquele projeto). Projetos grandes e complexos têm maiores chances de não cumprirem prazos e orçamentos. Portanto, pode-se elaborar o PBS pensando em quais entregas poderão ser feitas e concluídas antecipadamente, como se fossem pequenos projetos, para liberar versões ou "releases" do produto total.

Exemplo:
No PBS:
1.1. Quartos
1.1.1. Quarto do Casal
1.1.2. Quarto do Filho 1
1.1.3. Quarto do Filho 2
Na especificação do Escopo:
1.1. Os quartos serão todos de piso de madeira, com paredes com largura de 25 cm, pintadas de cinza etc.

99

WBS x PBS

Muitos gerentes de projeto, estudantes, autores e PMPs conhecem mais o conceito de WBS (*Work Breakdown Structure*) ou de EAP (Estrutura Analítica do Projeto), e não de PBS.

Qual é a diferença?

WBS tem o foco no **COMO**, ao passo que o PBS tem o foco no **O QUÊ**. Em outras palavras, o WBS tem o foco no escopo do projeto, ou seja, no TRABALHO a ser feito, enquanto no PBS o foco é no ESCOPO DO PRODUTO, ou seja, no produto a ser produzido pelo trabalho que será realizado.

O PBS pode ser quebrado também em INPUTS → TAREFAS → OUTPUTS, encarando o projeto como se fosse um processo, inspirando-se no conceito de *Lean Manufacturing* – também conhecido como Sistema Toyota de Produção. A base do conceito do *lean* é a "eliminação de desperdícios". A fórmula, que está longe de ser mágica, vem sendo implantada em muitas empresas com mais força há mais de uma década e agora também em projetos.

Um dos aspectos muito interessantes neste conceito é o fluxo contínuo de produção. O processo não pode parar. Deve haver um fluxo contínuo e constante de produção de ENTREGÁVEIS do projeto.

Ninguém pode ficar parado. Se houver alguém parado, o projeto ou processo está perdendo tempo. Se houver gargalo, significa que o projeto ou processo poderia andar mais rápido.

Veja, essa é apenas mais uma possibilidade de abordagem para criar o PBS.

100

As sete lâminas do planejamento do PM VISUAL | A explosão do CANVAS — CAPÍTULO 5

O lean manufacturing surgiu no Japão, na Toyota, após a Segunda Guerra Mundial. Segundo o Lean Institute:

> A mentalidade enxuta é uma filosofia operacional ou um sistema de negócio, uma forma de: especificar valor, alinhar, na melhor sequência, as ações que criam valor, realizar essas atividades sem interrupção [...] realizá-las de forma cada vez mais eficaz. [...] Também é uma forma de tornar o trabalho mais satisfatório e de eliminar desperdícios.
>
> Lean Institute Brasil, 2016

Ou seja, tem como princípio básico eliminar o desperdício e criar riquezas. Mesmo tendo começado em uma empresa automobilística, o *lean manufacturing* pode ser aplicado a vários tipos de negócios, como por exemplo PROJETOS.

Portanto, o PBS pode ser ainda expandido como um processo, usando o conceito de *lean manufacturing* ou *lean management*.

Em meus projetos, 100% das vezes eu crio o PBS e em cerca de 10% das vezes eu crio também o WBS. Ambos são importantes e complementares.

Por que optamos pelo PBS e não pelo WBS no PM VISUAL?
Resposta: porque saber inicialmente O QUE será entregue para o cliente de forma clara é uma das CHAVES para o sucesso de um projeto. Uma vez tendo o "O QUE", é possível pensar no COMO, no cronograma, nos custos, nas áreas envolvidas, ou seja, em todos os outros elementos do projeto.

5.2 2ª explosão do CANVAS:
o prazo em um cronograma de 25 linhas

A explosão da área de prazo/linha do tempo é feita em uma tela A1, com um cronograma pré-formatado, contendo 25 linhas em branco.

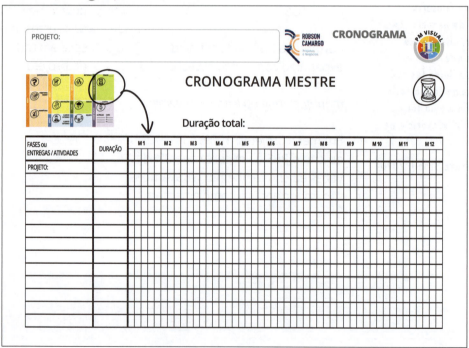

As sete lâminas do planejamento do PM VISUAL | A explosão do CANVAS — CAPÍTULO 5

5.2.1 CRONOGRAMA EM 25 LINHAS

Por que 25 linhas? Porque é uma visão executiva e, portanto, deverá conter somente as atividades do projeto em NÍVEL MACRO, que em alguns países é conhecido como *MASTER PLAN*, *MASTER SCHEDULE* ou *HIGH LEVEL PLAN*. Em português: CRONOGRAMA MESTRE. Em cada linha devem ser colocadas as TAREFAS com suas respectivas durações e representações gráficas na parte direita – o que é conhecido como Gráfico de Gantt.

Para elaboração desse *MASTER PLAN*, sugere-se montar o cronograma organizado por FASES ou por grupo de ENTREGÁVEIS e, logo abaixo, colocar as atividades necessárias para a conclusão de cada FASE ou GRUPO, sempre em nível macro.

Sugerimos que o cronograma seja elaborado a **lápis** num primeiro momento, e, ao final, que suas fases sejam destacadas com **canetas coloridas** para melhor visualização e consequente melhor entendimento. Muitos poderão achar que é frescura, preciosismo ou algo puxado para um lado mais infantil, mas não é: as cores ajudam muito na visualização e no entendimento. Mas lembre-se: destaque apenas as tarefas mãe, tarefas resumo.

O restante deixe a lápis mesmo.

> **CRONOGRAMA:** demonstra a conexão das atividades com suas datas, durações, marcos e recursos planejados.
>
> **CRONOGRAMA MESTRE:** um cronograma sumarizado do projeto que identifica as entregas ou componentes de forma macro.

103

Cuidado com a especificação em dias: dias CORRIDOS ou dias ÚTEIS?
30 dias podem representar 1 mês ou 1 mês e meio.
Quer ver uma confusão? Se uma pessoa disser que uma atividade vai levar 60 dias, quem estiver solicitando vai pensar em 2 meses, quem vai fazer vai pensar em 3 meses.

Portanto, sugerimos:
* Determinar se o grupo vai trabalhar com dias CORRIDOS ou ÚTEIS.
* No caso de ser 30 dias corridos ou 20 dias úteis = especificar 1 mês.
* No caso de 7 dias corridos ou 5 dias úteis = especificar 1 semana.

TEMPO PARA DETALHAMENTO DO PLANO
Caso a equipe que estiver fazendo o cronograma do PM VISUAL entender que esse projeto merece um maior detalhamento do planejamento, para chegar ao tradicional Plano de Projeto, esse tempo que será dedicado ao melhor DETALHAMENTO DE TODO O PROJETO deve ser incluído no cronograma do PM VISUAL.

USO DE VERBO
Enquanto no PBS sugerimos usar SUBSTANTIVOS, aqui sugerimos utilizar VERBOS no INFINITIVO, sempre que possível. Afinal, um verbo representa uma AÇÃO.

ORDEM DE COLOCAÇÃO DA DURAÇÃO
Qual duração colocar primeiro: das tarefas ou das fases?
A duração a ser colocada deve começar com a das tarefas e depois das fases, ou seja, primeiro a duração das filhas, depois das mães, pois a duração das fases irá depender diretamente das durações de cada tarefa e do TIPO DE RELACIONAMENTO representado no Gráfico de Gantt, podendo haver tarefas em PARALELO ou SEQUENCIAIS.

USO DAS CORES
Ao final da elaboração do cronograma, sugerimos deixar as FASES de uma cor diferente das tarefas, destacando NOME DA TAREFA, DURAÇÃO e BARRA CORRESPONDENTE NO GRÁFICO DE GANTT com uma caneta colorida.

CURIOSIDADE
O Gráfico de Gantt completou 100 anos em 2017.

Incrível pensar que, nos dias de hoje, algumas pessoas tocam seus projetos sem nenhum cronograma, por menor que seja!

As sete lâminas do planejamento do PM VISUAL | A explosão do CANVAS — CAPÍTULO 5

Veja uma ilustração de um cronograma pronto:

Exemplo de um cronograma do PM VISUAL elaborado

FASES ou ENTREGAS / ATIVIDADES	DURAÇÃO	M1	M2	M3	M4	M5	M6	M7	M8	M9	M10	M11	M12
PROJETO: CASA CHIQUETOSA	5,5 MESES												
- FASE DE FUNDAÇÃO	1 MÊS												
Cavar buracos	10 DIAS												
Colocar ferros e concreto nos buracos	10 DIAS												
- FASE DE ALVENARIA	5 SEMANAS												
Levantar paredes	20 DIAS												
Levantar colunas	10 DIAS												
- FASE DE COBERTURA	6 SEMANAS												
Preparar estrutura	15 DIAS												
Colocar telhas	15 DIAS												
- FASE DE HIDRÁULICA	1 MÊS												
Colocar canos	10 DIAS												
Fazer ligações definitivas	10 DIAS												
- FASE DE ELÉTRICA	1 MÊS												
Colocar conduítes	10 DIAS												
Passar fiação	10 DIAS												
- FASE DE ACABAMENTO	6 SEMANAS												
Batentes e esquadrias de janelas	5 DIAS												
Janelas	10 DIAS												
Portas	10 DIAS												
Massa corrida	5 DIAS												
Pintura	10 DIAS												

Acesse o arquivo do CANVAS:

"Uma caminhada de 1 milhão de milhas começa com o primeiro passo."

105

Cronograma do projeto exemplo LIGHT FOOD:

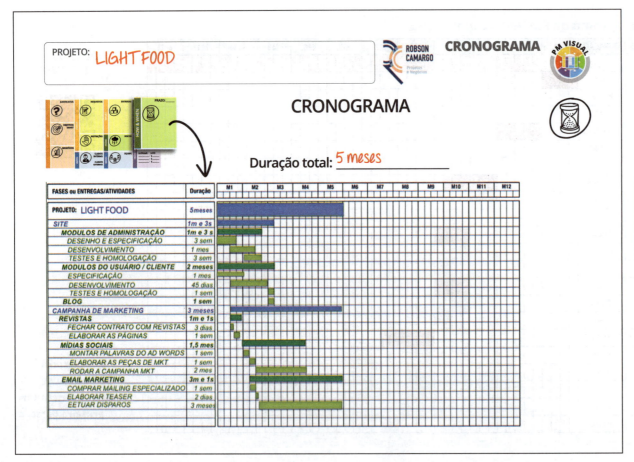

5.3 3ª explosão do CANVAS: área de custos em um fluxo de desembolso

A explosão da área de custos também é feita em uma tela A1, um fluxo de desembolso, e deve ter a mesma duração que o cronograma.

O orçamento do PM VISUAL deverá conter todos os custos estimados, organizados por categorias de recursos que serão gastos a cada mês ou a cada semana, bimestre, trimestre, quadrimestre ou semestre, conforme o período utilizado no cronograma.

Diversas categorias podem ser consideradas, tais como: mão de obra, podendo ser separado em mão de obra interna e externa; materiais; equipamentos; material de marketing; infraestrutura de TI; viagens e estadias; entre outras.

Os custos devem ser pensados considerando todas as fases, desde o planejamento mais detalhado, quando necessário, até a entrega final de todos os entregáveis do projeto.

Tela de custos do PM VISUAL

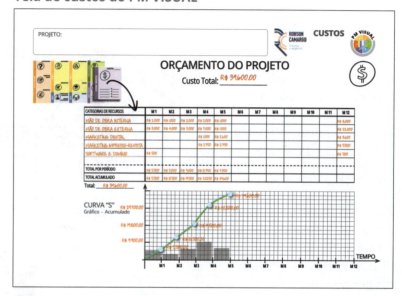

Duas observações importantes:

1. Os custos operacionais e de manutenção não entram no orçamento do projeto, pois serão custos incorridos após o término do projeto. Estes deverão ser considerados no cálculo do retorno financeiro.

2. O *budget* imposto pelo patrocinador como restrição (colocado na área de RESTRIÇÕES do CANVAS) deve ser considerado, mas não pode ser o fator limitador. A equipe que estiver fazendo o orçamento nesse momento deve pensar no que é necessário para cumprir o escopo com a qualidade esperada e qual será o orçamento realmente necessário.

Na sequência, após estimar todos os custos por categoria, período a período, devem ser feitas três totalizações:

- POR PERÍODO (mês, bimestre, conforme o período utilizado);
- ACUMULADO dos períodos, mês a mês;
- POR CATEGORIA, horizontalmente, na coluna da direita da lâmina.

Ao final, devem ser feito dois gráficos:

- um gráfico de linha baseado no total acumulado, formando a chamada curva "S";
- um gráfico de barras, mostrando os custos por período.

O gerente de projeto espertão coloca uma "reserva" no seu orçamento meio escondido – ou seja, distribuído entre RECURSOS, ENTREGÁVEIS ou TAREFAS –, que o mercado chama de "gordura". Essa conduta é algo que não recomendamos. O GP deve mostrar efetivamente quanto vai custar para implementar o projeto.

Exemplo de um orçamento do PM VISUAL elaborado

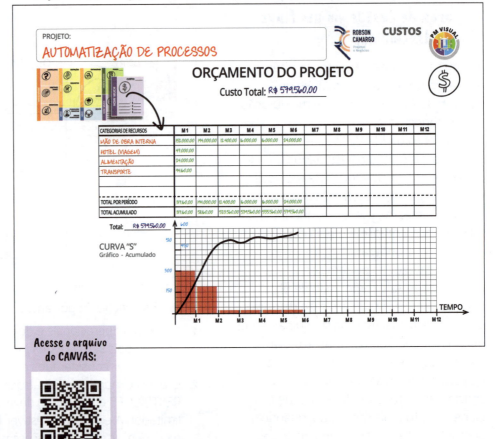

108

Custo de mão de obra interna e custo total do projeto

É muito comum as empresas não considerarem os custos de mão obra interna, pois muitas pessoas dizem: "A empresa já paga o salário da pessoa". Não quero modificar a forma de trabalho de nenhuma empresa e nem dizer que é errado não considerar.

Entretanto, tenho duas colocações a fazer:

- para saber o custo real do projeto, o correto é considerar.
- independente do salário já ser pago aos recursos internos, o que importa é ONDE o recurso será alocado – dizemos apropriação de custo. Se um funcionário da empresa trabalha 50% do seu tempo no dia a dia, esse custo deverá ser apropriado no centro de custo das despesas operacionais do departamento, e se os outros 50% ele estiver trabalhando no projeto, essa parte deveria ser contabilizada no centro de custo do projeto.

Mês, bimestre, trimestre, quadrimestre ou semestre

Ao elaborar o cronograma e os custos, no topo da folha deve ser indicado o período. Se não for indicado nada, assume-se normalmente que o período considerado é MÊS.

Se for utilizar qualquer período diferente, sugerimos colocar à frente de M1, M2, até M12, a identificação "BI" para bimestre, "TRI" para trimestre, "QUADRI" para quadrimestre ou "SE" para semana ou semestre.

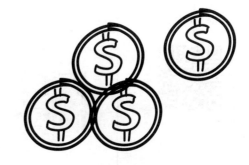

O orçamento do projeto deve ser bem calibrado... e, claro, bem controlado...
Um alerta: durante a execução do projeto, caso o prazo esteja mais de 20% atrasado e gastando mais de 20% do orçamento aprovado, dificilmente o projeto voltará a se normalizar. Portanto, faça uma estimativa muito bem embasada.

Orçamento do projeto exemplo LIGHT FOOD:

Acesse o arquivo do CANVAS:

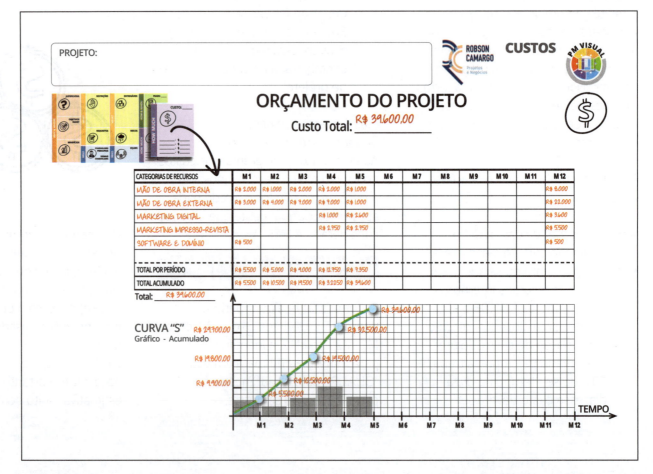

As sete lâminas do planejamento do PM VISUAL | A explosão do CANVAS — CAPÍTULO 5

5.3.1 ALGUMAS CONSIDERAÇÕES SOBRE A LÂMINA DE CUSTOS

5.3.1.1 Moeda
A moeda que estiver sendo utilizada deve ser especificada: reais, dólares, euros ou outra, para que fique claro para todos.

5.3.1.2 Valores no gráfico
À esquerda do gráfico devem ser especificados os valores. No topo, o total, e abaixo, na sequência, ¾, ½ e ¼ do total.

5.3.2 OUTRA POSSIBILIDADE: FAZER O ORÇAMENTO POR FASES, E NÃO POR CATEGORIA

Algumas pessoas têm maior facilidade em fazer o orçamento por fases. Não há qualquer problema. Entretanto, é importante saber nesse momento quanto se pretende gastar (ou investir) por tipo de recurso, para que, caso seja notado algum custo acima do esperado, este possa ser revisado logo no início a fim de se buscarem alternativas menos custosas.

Caso o Plano do Projeto seja mais detalhado posteriormente (no Plano de Projeto tradicional), sugerimos deixar que a visão dos custos por fase seja feita lá.

Fluxo de desembolso baseado na etapa de pagamento: muitos gerentes de projeto controlam o orçamento em relação à data de saída do dinheiro do caixa da empresa. Pode até ser, mas a intenção aqui é refinar o orçamento, e sugerimos posteriormente colocá-lo em uma planilha de Excel ou *software* para controle efetivo.

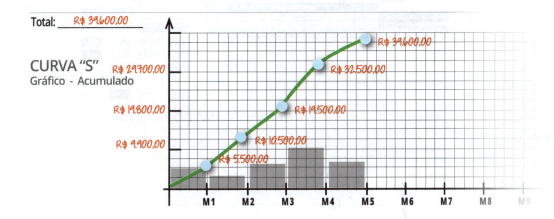

5.4 4ª explosão do CANVAS: área de equipe — áreas envolvidas expandidas em uma matriz de responsabilidades e no organograma

Aqui é que se ganha o jogo!

Se o gerente do projeto não tiver as pessoas necessárias para a execução das atividades programadas, se cada pessoa necessária não souber o seu papel ou não assumir sua parte com a responsabilidade e comprometimento necessários, ou, ainda, se o gerente de projeto não tiver a devida autoridade sobre os recursos humanos, o projeto estará fadado ao fracasso!

Portanto, é fundamental deixar essas coisas claras para todos!

Tela de recursos humanos do PM VISUAL em tamanho A1, para elaborar:
- matriz de responsabilidades; e
- organograma do projeto

Nesse ponto, deve ser criada, primeiramente, a matriz de responsabilidades, apresentando a real necessidade quanto aos recursos e o que cada um fará no projeto, e, posteriormente, o organograma do projeto.

Acesse o arquivo do CANVAS:

Tela de recursos humanos do PM VISUAL

112

As sete lâminas do planejamento do PM VISUAL | A explosão do CANVAS — CAPÍTULO 5

5.4.1 A MATRIZ DE RESPONSABILIDADES

Para elaborar a matriz de responsabilidades, deve-se colocar:

👉 A ÁREA, PERFIL e QUANTIDADE de profissionais necessários nas linhas superiores. Exemplo:
Área: Marketing;
Perfil/Quantidade: 2 analistas MKT.

	RESPONSÁVEIS						
ÁREA							
PERFIL / QUANTIDADE							
ENTREGÁVEIS / DELIVERABLES / NOME							

Caso já se tenha os NOMES de alguns profissionais escolhidos, esses também já poderão ser colocados.

👉 Os ENTREGÁVEIS que deverão ser produzidos pelo projeto devem ser colocados na coluna da esquerda.

ÁREA
PERFIL / QUANTIDADE
ENTREGÁVEIS / DELIVERABLES / NOME

👉 As ações que serão executadas por cada profissional deverão ser colocadas na área central, por meio de um VERBO no infinitivo.

ENTREGÁVEIS / DELIVERABLES / NOME							

Quanto às ações, o GUIA PMBOK® sugere usar o conceito de **RACI** (*responsible, accountable, consulted e informed*), que também pode ser utilizado aqui. Entretanto, sugiro que em vez de utilizar as letras R, A, C e I, utilize **VERBOS** totalmente livres para especificar qual será a atuação da pessoa frente ao *deliverable* ("entregável") em que ela terá alguma participação.

Exemplo: executar, controlar, aprovar, desenvolver, testar, desenhar.

Convenhamos que o uso de um VERBO com total liberdade fica muito mais explícito e claro que uma das quatro letras do RACI.

5.4.2 O ORGANOGRAMA

Após a criação da matriz de responsabilidades deve ser criado o organograma do Projeto:

👉 No topo, o *SPONSOR* (patrocinador) do projeto; se for mais de um decisor, o COMITÊ EXECUTIVO.
👉 Abaixo, o GERENTE DO PROJETO.
👉 Em seguida, a estrutura das pessoas que irão trabalhar no projeto, mostrando a relação de hierarquia de todos os envolvidos – quem responderá para quem no projeto.

113

5.4.3 COMITÊ DE GESTÃO DO PROJETO (PROJECT BOARD)

É muito comum as empresas colocarem apenas o gerente de projeto como responsável pelo projeto.
Entretanto, o modelo britânico, propõe que haja um grupo de pessoas como sendo RESPONSÁVEL pelo projeto, o qual se denomina PROJECT BOARD.

Exemplo e pessoas sugeridas para compor o *Project Board*: *sponsor* (patrocinador), gerente do projeto, responsável pela área de clientes – com foco no negócio, líder da informática – quando existir uma parte do projeto que envolva sistemas e alguém do *Project Management Office* (PMO, ou Escritório de Projetos), diretor de uma área com forte participação no projeto. O comitê de gestão do projeto é fortemente recomendável para projetos estratégicos com forte atuação de diversas áreas.

As sete lâminas do planejamento do PM VISUAL | A explosão do CANVAS — CAPÍTULO 5

Aqui utilizamos uma codificação com as cores dos Post-Its® utilizados, com a seguinte representação:

 Verde: *sponsor* ou Comitê Diretivo do projeto.

 Laranja: o gerente ou líder do projeto (usar o termo gerente ou líder é apenas uma questão de nomenclatura adotada pela empresa, mas no mundo dos projetos, eles têm a mesma atuação).

Os demais serão representados por Post-Its® amarelos ou azuis, conforme a seguinte codificação:

A linha logo abaixo do gerente do projeto ou do *PROJECT BOARD* é a linha do **LÍDER DE FRENTE** de trabalho ou **GERENTE DE ÁREA**, sendo:

 Post-It® amarelo: LÍDERES DE FRENTE, indica que estes irão atuar no projeto e interagir com o gerente de projeto.

 Post-It® azul: GERENTES DE ÁREA, indica que essas pessoas não irão interagir com o gerente de projeto e nem terão nenhuma atuação no projeto –

chamamos de "fantasma". Estes irão apenas CEDER RECURSOS de sua área para o projeto. Portanto, a interação do gerente de projeto nesse caso será diretamente com os recursos cedidos pela área em questão.

5.4.4 RECURSOS ABAIXO DOS LÍDERES DE FRENTE OU GERENTES DE ÁREA

 Post-It® amarelo: indica que esses recursos irão interagir com o gerente de projeto, além de interagir com o seu LÍDER DE FRENTE se estes estiverem em Post-Its® amarelos. Entretanto,

115

a interação desse recurso será diretamente com o gerente de projeto se o seu superior for um gerente de área, especificado em Post-It® azul.

- Post-It® azul: essas pessoas não irão interagir com o gerente de projeto – irão atuar no projeto, porém, irão interagir apenas com seus LÍDERES de frente – os quais deverão ser indicados em Post-Its® amarelos. Portanto, quem irá interagir com o gerente do projeto será apenas o líder da frente de trabalho em questão.

Observação 1: não poderá haver um Post-It® azul na linha de liderança e somente Post-Its® azuis abaixo dele – seria uma estrutura somente de "fantasmas".

Observação 2: caso já tenha o NOME de algum recurso definido, este já deve ser especificado no organograma (além de estar na matriz de responsabilidades).

Observação 3: cada Post-It® representará um recurso. Entretanto, caso em alguma estrutura forem muitos recursos, estes poderão ser representados em um único Post-It®, especificando a quantidade. Exemplo: 30 analistas.

5.4.5 GERENTE DE PROJETO *VERSUS* LÍDER DO PROJETO E SEU CARGO NA EMPRESA

1. Muitas empresas não gostam de atribuir o termo GERENTE por questões internas. Entretanto, independente de como a empresa o intitula, para o mundo da gestão de projeto, os termos LÍDER ou GERENTE DO PROJETO têm o mesmo peso.

2. Outro aspecto é o cargo que a pessoa ocupa na organização: isso também não tem nada a ver com a posição de gerente de projeto, ou seja, a pessoa pode ter um cargo baixo na empresa, como analista, *trainee*, e ter um gerente de área respondendo para o gerente de projeto no projeto.

 Sponsor, Project Board ou Comitê Executivo
Quando o decisor do projeto com nível hierárquico mais alto for apenas uma pessoa, o chamamos de *sponsor* ou patrocinador.

As sete lâminas do planejamento do PM VISUAL | A explosão do CANVAS — CAPÍTULO 5

Entretanto, quando há mais de um decisor, os chamamos de COMITÊ EXECUTIVO do projeto. Em ambos os casos, sugerimos especificar o(s) nome(s) no organograma.

PMO
Para que o projeto tenha uma chance ainda maior de sucesso, sugerimos que ele tenha a figura de um *Project Management Office* (PMO), Escritório de Gerenciamento de Projetos (EGP), em português. O PMO, para ajudar efetivamente, deve fazer atividades de *coaching* e *quality assurance* do projeto, ou seja, ajudará o gerente de projeto em algumas discussões e decisões para o bom andamento do projeto.

Equipe ideal "Kukipricisa" *versus* "Kukitem"
Como disse no início deste tópico, "É aqui que se ganha o jogo!". Com isso quero dizer o seguinte: o gerente de projeto deve pensar na EQUIPE IDEAL necessária para o projeto, que chamamos carinhosamente de tocar o projeto "KUKIPRICISA" (com o que precisa de fato) de gente e depois buscar negociar a alocação destes, e não pensar apenas no que se tem disponível, que chamamos carinhosamente tocar o projeto "KUKITEM" (com o que tem) de gente! Isso é um erro que acaba ficando na conta do gerente de projeto. Se é necessário mais gente do que o disponível, isso deve ser mostrado. Como opções, pensa-se em terceirizar uma parte, ou, então, fazer a velha análise de priorização de projetos dentro do gerenciamento do portfólio.

Organização matricial, projetizada ou mista
Independente da estrutura que for definida, além de combinado com os líderes dos recursos alocados, o *sponsor* do projeto deverá ser a pessoa que garantirá que os recursos alocados trabalhem efetivamente o tempo acordado e dentro da estrutura que foram combinados. Como diziam nossas avós, "o que é combinado, não é caro!". Caso alguém não cumpra o combinado, o gerente deve tentar ajustar e, se for necessário, escalar.

Equipe de apoio gerencial
Quando o projeto é grande, e se o orçamento comportar, sugerimos que sejam alocados alguns profissionais com a função de apoiar a gestão do projeto, tais como: assistente de comunicação, planejador/controlador do projeto, gerente de riscos, administrador de contratos e compradores.

Comitê de controle de mudanças
É importante determinar quem serão as pessoas que terão o poder para aprovar ou reprovar qualquer pedido de mudança ao longo do projeto. Sugerimos que façam parte pelo menos quem paga a conta e a principal pessoa da área de negócio.

5.4.6 ESTRUTURA ORGANIZACIONAL: MATRICIAL, MISTA OU PROJETIZADA

Ao final, deve-se determinar o tipo de estrutura organizacional sugerida, a qual pode ser matricial, mista ou projetizada, conforme a seguinte orientação:

👉 se as pessoas forem ficar *full time* no projeto, deve ser combinada com o *sponsor* e com todos os envolvidos a estrutura PROJETIZADA;

👉 se as pessoas ficarem *part time*, ou seja, apenas parte do tempo dedicadas ao projeto e outra parte ao dia a dia da empresa, deve ser combinada a estrutura MATRICIAL – ou seja, o recurso responde para dois superiores: o gerente de projeto e seu gerente de área;

👉 se algumas pessoas forem ficar *full time* e outras *part time* no projeto, deverá ser colocado ao lado de cada Post-It® a indicação de "PT" para *part time* ou "FT" para *full time*, e a estrutura será definida como mista.

Exemplo de uma tela do RH do PM VISUAL elaborado

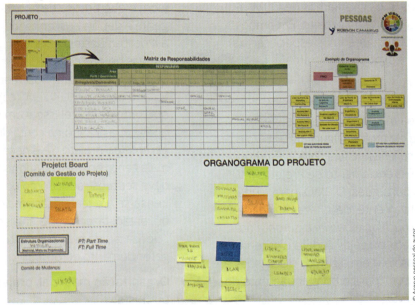

Part time: se o recurso alocado for atuar parte do seu dia no projeto e parte do dia em outra tarefa, coloque ao lado do Post-It® do recurso a sigla "PT"

Full time: se o recurso alocado for atuar o tempo todo dedicado somente ao projeto, coloque ao lado do Post-It® do recurso a sigla "FT".

As sete lâminas do planejamento do PM VISUAL | A explosão do CANVAS — CAPÍTULO 5

5.5 5ª Explosão do CANVAS: áreas de pessoas em um plano de reuniões e comunicação

Se algum *stakeholder* for identificado como alguém que deve receber alguma informação do projeto e não a receber, certamente haverá conflitos que poderão atrapalhar muito o andamento do projeto e impedir sua conclusão com sucesso.

Portanto, é importante planejar como essas informações chegarão de forma correta e no tempo certo a cada um dos *stakeholders*. Então determine quando e quais reuniões devem acontecer no decorrer do projeto: dia da semana, horário e frequência e bloquear a agenda dos envolvidos.

No PM VISUAL, você faz o plano de comunicação em cinco minutos, pois muitas informações são padrão num plano de comunicações e já estão colocadas na tela A1 do PM VISUAL. Veja a imagem a seguir.

Acesse o arquivo do CANVAS:

Tela de comunicação do PM VISUAL

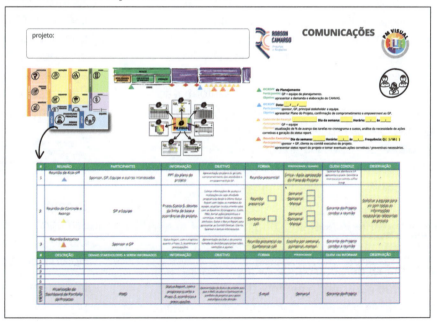

119

A primeira coisa é definir quando as reuniões necessárias deverão acontecer durante o projeto, sendo minimamente três:

- *Kickoff meeting* de execução (reunião de início): realizada ao final do planejamento e antes do início da execução de fato, na qual o *sponsor* deve fazer a abertura e, na sequência, o gerente de projeto deve apresentar o Plano do Projeto aprovado. Esta reunião é de máxima importância, pois gera o *empowerment* (empoderamento) necessário ao gerente de projeto, mostra claramente o papel de cada um e de cada área no projeto, ratifica o comprometimento de todos os *stakeholders* envolvidos diretamente com o projeto e deixa bem claro o plano do projeto na cabeça de todos os envolvidos. A informação necessária a ser trabalhada neste momento é apenas definir QUANDO essa reunião deverá ocorrer. Essa informação deve ser colocada no canto superior direito do documento, no espaço dedicado a essa reunião, conforme mostrado a seguir:

▲ **KICKOFF: Data:** ___/___/_____
Participantes: sponsor, GP, principal *stakeholder* e equipe.
Objetivo: apresentar Plano do Projeto, confirmação de comprometimento e *empowerment* ao GP.

- **Reunião Semanal de Controle de Avanço:** desta reunião deverão participar o gerente de projeto e todos os membros da equipe. O objetivo será analisar o *status* do projeto, ou seja, coletar e atualizar o percentual de avanço das tarefas, determinar quanto se gastou e o que foi feito até o momento, avaliar os desvios e identificar ações corretivas e preventivas necessárias. Por fim, deve-se gerar o *status report* para ser apresentado na reunião executiva e/ou enviado ao *sponsor*, ao cliente ou a algum outro *stakeholder* que também deva saber sobre o *status* do projeto. **As informações necessárias nesse momento são: o DIA DA SEMANA, o HORÁRIO e a FREQUÊNCIA com que se pretende realizar essa reunião com a equipe,** para que TODOS os envolvidos já bloqueiem suas agendas para esses dias/horários. Essas informações devem ser colocadas logo abaixo da informação do *kickoff*, no espaço dedicado a ela, conforme abaixo:

▲ **Controle de Avanço** _____ **Dia da semana:** _____ **Horário:** __:__ **às** __:__
Participantes: GP + equipe
Objetivo: atualização de % de avanço das tarefas no cronograma e custos, análise da necessidade de ações corretivas e geração do *status report*.

Exemplo:
Semanal.
Dia da semana: segundas-feiras.
Horário: das 9h00 às 10h00 da manhã.

Importante informar também se haverá reunião presencial e/ou por *conference call*.

120

As sete lâminas do planejamento do PM VISUAL | A explosão do CANVAS — CAPÍTULO 5

 Reunião executiva: desta reunião participam o gerente de projeto, o *PROJECT BOARD*, o *sponsor* ou Comitê Executivo, ou, ainda, o cliente, ou seja, para quem o gerente de projeto deverá prestar contas. O objetivo dessa reunião é apresentar aos tomadores de decisão a situação geral do projeto e tomar decisões e ações em conjunto para que o projeto atinja o sucesso esperado. É nessa hora também que o gerente de projeto deve sinalizar medidas que devam ser tomadas pelo *sponsor* ou qualquer outro membro do *PROJECT BOARD*, devido ao seu poder de influência no projeto.

As informações necessárias nesse momento são: o DIA DA SEMANA, o HORÁRIO e a FREQUÊNCIA com que se pretende efetuar essa reunião. A frequência dependerá de cada *sponsor*, Comitê ou cliente. Entretanto, sugerimos que seja feita quinzenal ou no máximo mensalmente. Alguns executivos, dependendo da criticidade, importância e momento do projeto, poderão desejar que essa reunião seja feita semanalmente. Essas informações devem ser colocadas logo abaixo das informações referentes à Reunião de Controle, no espaço dedicado a ela, conforme abaixo:

> ⚠ **Reunião Executiva:** Dia da semana: _____ Horário: ___:___ às ___:___. Frequência: Q ( ) / M ( )
> **Participantes:** sponsor + GP, cliente ou comitê executivo do projeto.
> **Objetivo:** apresentar *status report* do projeto e tomar eventuais ações corretivas / preventivas necessárias.

Exemplo:
Dia da semana: sextas-feiras.
Horário: das 9h00 às 10h00 da manhã.
Frequência: Q (quinzenal) ou M (mensal).

Nesse momento, o importante do ponto de vista das reuniões é que se defina quando todos os envolvidos deverão se reunir e com qual frequência, para que todos possam bloquear suas agendas logo no início do projeto e, assim, participar das reuniões, de fato.

5.5.1 COMUNICAÇÃO COM OUTROS STAKEHOLDERS

Quanto às pessoas que não forem participar de nenhuma das reuniões citadas de Controle Semanal ou Reunião Executiva e tiverem que receber alguma informação do projeto, estas devem ser incluídas na parte de baixo do *template*, logo após as definições das reuniões, informando:

- Demais *STAKEHOLDERS* A SEREM INFORMADOS
- INFORMAÇÃO A SER COMUNICADA
- OBJETIVO
- FORMA
- PERIODICIDADE
- QUEM VAI INFORMAR
- OBSERVAÇÃO que julgar relevante

121

Normalmente, são poucos os *stakeholders* nessa condição. Essas informações devem se colocadas nos campos na parte inferior do *template*, conforme o exemplo mostrado a seguir:

90% do TEMPO DO GERENTE DE PROJETO É SE COMUNICANDO

O gerente de projeto passa a maior parte do tempo de um projeto em algum tipo de comunicação, quer seja escrita, falada, em reuniões, preparando um documento para enviar para alguém, conversando com um membro da equipe, um executivo ou outro stakeholder qualquer, ou fazendo apresentações. Portanto, sugerimos que o gerente de projeto desenvolva fortemente essa habilidade, que chamamos de HIGH IMPACT COMMUNICATIONS, ou seja, COMUNICAÇÃO DE ALTO IMPACTO, que significa fazer com que suas comunicações sejam efetivas, produzindo sempre o resultado desejado e necessário para o projeto.

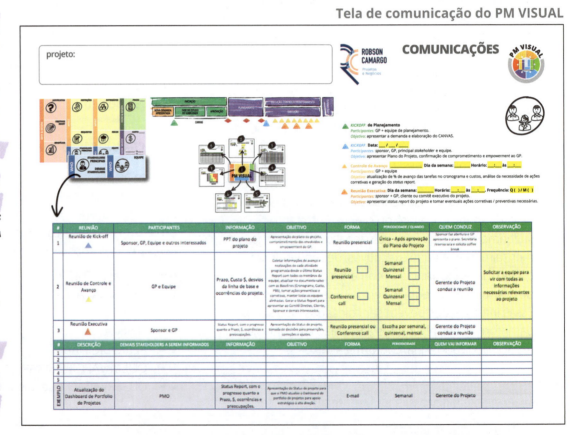

Tela de comunicação do PM VISUAL

122

As sete lâminas do planejamento do PM VISUAL | A explosão do CANVAS — CAPÍTULO 5

Se o grupo optar por métodos ágeis, na sequência, as reuniões a serem executadas são:

1. Reunião de planejamento da Sprint
2. Reunião diária de 15 minutos
3. Reunião de validação da entrega da sprint a ser realizada (no último dia da Sprint)
4. Reunião para melhorias nas etapas seguintes.

5.6 6ª explosão do CANVAS: áreas de riscos em uma matriz de riscos com probabilidade e impacto

Todo projeto está sujeito a imprevistos, portanto, é necessário identificar e analisar todos os riscos do projeto e, obviamente, tratá-los, pensar em alguma ação para evitá-los ou mitigá-los.

Antes de mais nada, é importante conceituarmos o que é risco.

Tela de riscos em A1 do PM VISUAL

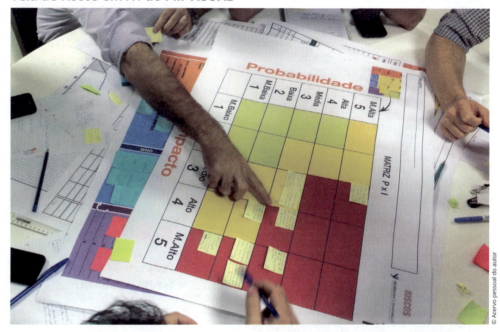

Risco é um evento incerto que, caso aconteça, poderá trazer algum impacto – *positivo ou negativo* – para um dos objetivos do projeto, ou seja, impactos no prazo, nos custos, escopo ou qualidade.

O enfoque principal nesse caso é levantar principalmente os riscos negativos, ou seja, o que pode causar problemas no projeto e que o gerente do projeto deverá procurar evitar para aumentar suas chances de sucesso.

123

5.6.1 PROCESSO DE ANÁLISE DE RISCOS NO PM VISUAL

Cada participante do PM VISUAL deverá escrever de três a cinco RISCOS em Post-Its® AMARELOS, descrevendo-os, em SILÊNCIO, sem comentar com os demais, ou seja, um participante não deve comentar com o outro o que estiver pensando, para que não haja qualquer tipo de influência nesse momento.

Muitas são as formas como um risco pode ser descrito. Entretanto, sugere-se que seja utilizado o método apresentado a seguir, pois irá facilitar em muito a análise de probabilidade e impacto, bem como as respostas a serem criadas para tratar dos riscos.

Método sugerido:

CASO (evento de risco)
PODERÁ (consequência que trará ao projeto)

Exemplo:
CASO *chova muito,* PODERÁ *estragar o material e atrasar o projeto.*

Cada Post-It deverá ter apenas um risco

Após todos escreverem seus Post-Its®, o grupo deverá fazer uma análise em conjunto quanto à PROBABILIDADE de o risco acontecer e o IMPACTO que poderá trazer ao projeto, caso este venha a ocorrer de fato.

As escalas utilizadas são: muito baixo, baixo, médio, alto e muito alto, tanto para probabilidade quanto para impacto.

124

As sete lâminas do planejamento do PM VISUAL | A explosão do CANVAS — CAPÍTULO 5

Tela de riscos do PM VISUAL

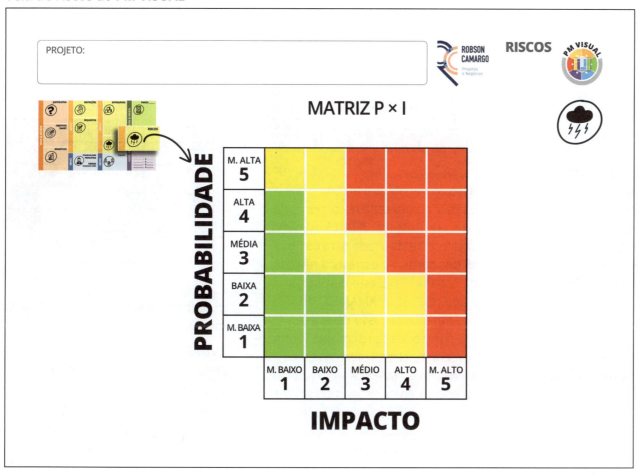

Acesse o arquivo do CANVAS:

5.6.2 PASSOS QUE A EQUIPE DEVERÁ SEGUIR APÓS TODOS OS PARTICIPANTES TEREM ESCRITO SEUS RISCOS

Passo 1: cada um deverá ler seus riscos escritos nos Post-Its® AMARELOS para o grupo e, em conjunto, classificar cada um na Matriz P × I (probabilidade *versus* impacto), buscando sempre o consenso do grupo. Caso não se chegue a um consenso, o grupo poderá seguir pela opção da maioria ou daquele que tiver a melhor argumentação para justificar sua análise.

Passo 2: enumerar os Post-Its® e o quadrante da tela A1 em que cada Post-It® tiver sido classificado, conforme o exemplo a seguir.

Passos 1 e 2

Passo 3: identificar a melhor RESPOSTA para cada risco, por meio do uso de Post-Its® VERDES ou outra cor diferente da usada para os Post-Its® dos rsicos. Ao escrever a resposta no Post-It® VERDE, este deverá ser colado no Post-It® AMARELO do risco em questão. Isso deverá ser feito para todos os riscos que forem analisados e classificados na área VERMELHA e AMARELA – os quais representarão os riscos mais graves – ou seja, maior grau de exposição quanto a probabilidade e impacto. Os riscos da área vermelha não podem ser tolerados. O mesmo pode ser feito para os riscos que forem classificados na área amarela, a critério do grupo, pois representam um grau médio de exposição.

Passo 3

Estratégias a adotar de acordo com a probabilidade e impacto de cada risco: evitar, mitigar, transferir ou aceitar.

EVITAR: eliminar a causa do risco, reduzindo em 100% suas chances de ocorrência.

MITIGAR: diminuir as chances de ocorrência (probabilidade) ou as consequências (impacto).

As sete lâminas do planejamento do PM VISUAL | A explosão do CANVAS — CAPÍTULO 5

TRANSFERIR: passar as consequências para um terceiro, como, por exemplo, fazer um seguro.

ACEITAR: caso não tenha qualquer ação a ser feita, reze e aceite. Fazer o quê?

Passo 4: reclassificar o risco, ou seja, mudar os Post-Its® de lugar, para a nova posição em que este ficará em função da resposta identificada. Tanto os Post-It® AMARELOS quanto os VERDES – referentes ao risco que estiver sendo reclassificado – devem ser movimentados. Ao mudar os Post-Its® (amarelo e verde) de cada risco, deve-se fazer uma SETA indicando de onde o risco saiu e para onde foi na Matriz P × I.

Passo 4

QUANTO MAIOR A LISTA DE RISCOS, MELHOR
Não é porque o risco não foi identificado que ele não existe. Portanto, quanto mais riscos forem identificados, melhor. Não é motivo para nenhum desespero. Alguns pensam assim: "Eu não faço análise de riscos porque dá azar!". É melhor ser prevenido do que puramente otimista e contar com a sorte. Pense assim: "É melhor estar preparado e saber de antemão para qual hospital o socorro deverá encaminhá-lo na cidade onde você mora e quem avisar, em caso de um acidente, ou é melhor nem pensar nisso e, caso aconteça, deixar que a pessoa que o socorrer resolva na hora?" Que tal andar com um cartão contendo essas informações?

Portanto, em projetos é a mesma coisa, é melhor identificar os riscos e tratá-los, evitando-os.

NUNCA FAÇA IDENTIFICAÇÃO E ANÁLISE SOZINHO
Reforçando o conceito do TRABALHO COLABORATIVO: nesse ponto, é da máxima importância que pessoas de diferentes áreas, formações e níveis de experiência contribuam com a identificação e análise dos riscos, para evitar TENDÊNCIAS e VIESES de toda natureza. Alguns são mais otimistas, outros mais pessimistas. Alguns só olham riscos técnicos, outros só riscos financeiros, outros só de imagem. Então, nada como a diversidade para buscar uma análise o mais próxima possível da isenção de aspectos que possam influenciar a análise de um ou outro participante em particular.

127

Exemplo de uma tela de riscos do PM VISUAL elaborado

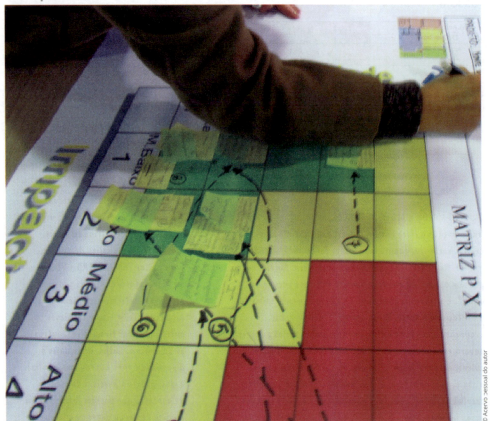

Passo 5: esse passo é opcional. Pode ser escrito um POST-IT® ROXO ou ROSA com uma ação de contingência, um Plano B – o que fazer caso o risco aconteça, ou seja, se torne fato, significando que a ação de RESPOSTA programada não foi eficaz.

Dessa maneira, as chances de sucesso do projeto serão ainda maiores.

As sete lâminas do planejamento do PM VISUAL | A explosão do CANVAS   CAPÍTULO 5

5.7 7ª explosão do CANVAS: aquisições

Alguns recursos humanos ou materiais necessários para a execução do projeto terão que ser comprados ou contratados.

Essa explosão pode ocorrer em função de várias áreas do CANVAS, mas principalmente da área de ENTREGÁVEIS.

Todos os produtos, matérias-primas, serviços e mão de obra que deverão ser adquiridos junto a fornecedores devem ser listados nesse documento.

Nesse ponto, é importante colocar as seguintes informações:

- **ITEM:** número sequencial dos itens a serem comprados.

Tela de aquisições do PM VISUAL

Acesse o arquivo do CANVAS:

- **ITENS A SEREM COMPRADOS:** lista dos itens necessários a serem adquiridos externamente. Aqui poderão ser listados materiais, equipamentos, serviços, mão de obra, viagens, estadias, entre outros.

- **REFERÊNCIA NO PBS:** colocar aqui o CÓDIGO DE CONTA (número identificador no PBS) para referenciar qual parte do escopo esse item irá atender.
- **LISTA DE FORNECEDORES:** de quais fornecedores deseja-se obter propostas.

129

- **ORÇAMENTO PREVISTO:** quanto foi orçado anteriormente para este item. Não estranhe se aqui surgirem surpresas que divirjam do que foi orçado na tela de custos.

   OBSERVAÇÃO: não estranhe se essa lâmina alterar o seu cronograma, PBS, orçamento ou matriz de responsabilidades. Essa lâmina força uma revisão de tudo o que foi feito anteriormente e não é possível fazê-la antes.

- **DATA LIMITE PARA INICIAR A COMPRA:** data limite para começar a cotar, abrir a ordem de compra internamente, para não atrasar o projeto. Muitos itens demoram a ser entregues, e se isso não for pensado logo no início do projeto poderá ocorrer atropelos e estresse junto à área de compras ou fornecedores, aumento de custos ou problemas com prazos.

- **DATA LIMITE PARA QUE O ITEM ESTEJA DISPONÍVEL:** quando tal item deverá ser disponibilizado para ser utilizado pelo projeto, ou seja, se for um equipamento, qual a data limite para recebê-lo e disponibilizá-lo para o projeto. Se for um serviço, quando o fornecedor deverá iniciar os trabalhos. Às vezes os fornecedores atrasam.

Exemplo:

N.	Item	Ref. PBS	Lista de fornecedores	Orçamento	Prazo 1	Prazo 2
1	2 computadores	1.1	Dell, Lenovo, HP	R$ 20.000,00	S1 M1	S1 M3

S1 M1: semana 1 do mês 1 do projeto.
S1 M3: semana 1 do mês 3 do projeto.

Considerações finais do plano do projeto com o PM VISUAL

Após a elaboração do CANVAS e do seu detalhamento em outras sete lâminas, o Plano do Projeto utilizando os elementos do PM VISUAL estará completo. Realizado em 8 horas, de forma colaborativa, visual, e com a participação ativa dos principais envolvidos do projeto, ou seja, as pessoas que têm conhecimento ou poder para decidir a respeito dos caminhos que o projeto deve trilhar para atingir o sucesso desejado.

Nesse ponto deve ser analisado se o projeto deve seguir pelos métodos ágeis ou cascata.

Fatores para a tomada de decisão entre Método Ágil ou Método Cascata

Quais fatores são determinantes na decisão de gerenciar um projeto por meio dos métodos ágeis ou método cascata?

1. É possível realizar entregas parciais? Se sim, essas entregas parciais podem ser feitas de forma incremental? Essa antecipação de entregas ajuda o negócio?
2. É possível decompor a equipe do projeto em equipes menores, entre sete e nove pessoas (aproximadamente)?
3. A pessoa de negócio vai estar 100% do tempo junto com a equipe de desenvolvimento do projeto. num trabalho amplamente colaborativo?
4. A equipe tem maturidade para ser autogerenciável ou tem potencial para adquirir?
5. A equipe tem maturidade para seguir "rituais" de forma sistemática?
6. Vai haver um alto grau de mudanças, sem que seja necessário definir todo o escopo previamente?
7. O ambiente de negócio é complexo, onde o fato de antecipar entregas e ir liberando versões do produto, recebendo feedbacks do cliente e corrigindo, como se fosse "trocar pneu com o carro em movimento" é bom para a organização?
8. É bom para a organização ter a possibilidade de poder entregar uma parte, atender uma necessidade e poder "abandonar" entregas posteriores, enxergando essa alternativa como algo absolutamente natural?

Se a resposta foi sim para todas as perguntas, o projeto pode ser conduzido pelos métodos ágeis. Caso alguma das respostas tenha sido não, talvez o melhor seja ir para o modelo cascata, preditivo, ou, ainda, fazer uma mescla, optando pelo híbrido, ou seja, parte do projeto ser entregue pelos métodos ágeis e parte pelo método preditivo. Mais uma vez: a análise deve ser por projeto.

Se a opção for pelo método cascata, deve-se analisar se o que foi feito é o suficiente, ou se ainda é necessário fazer um Plano de Projeto ainda mais detalhado, caso o tamanho, grau de complexidade, orçamento, duração, número de pessoas envolvidas ou outro aspecto justifique um maior detalhamento.

SUGESTÃO: análise por projeto

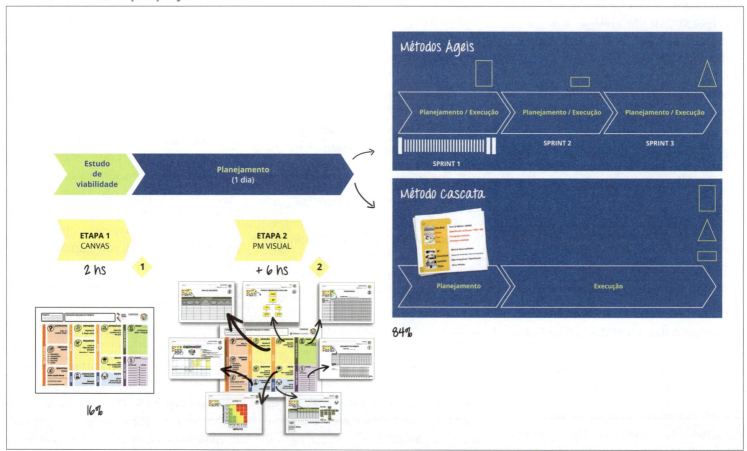

PM VISUAL

NECESSIDADE

CAMINHO 1: SEM PLANEJAMENTO
(2% de chance de sucesso)

CAMINHO 2: COM PLANEJAMENTO

FASE DE EXECUÇÃO

PROPOSTA DO PROJETO

* PRAZO OTIMISTA
* POUCO $

INT. → E.V. %
EXT. → Margem (F)

NO GO / GO 16% — 68% — 84%

CANVAS → PBS → CRONO (25 L) → $ → RH → COMUNICAÇÃO → RISCOS → AQUISIÇÕES

PLANO DO PROJETO DETALHADO

PPT

NO GO / GO

S1 S2 S3 ...

Kickoff meeting

S1, S2, S3... Reuniões de controle de avanço

▲ Reuniões executivas com sponsor / cliente para apresentar status report

ENTREGAS SÃO PRODUZIDAS

ACEITE DO CLIENTE → FIM

ENTREGAS PRONTAS E FINALIZADAS

{ PM VISUAL }

O controle do projeto feito pelo PM VISUAL   CAPÍTULO 6

6.1 O *pulse check*

O modo de controle do projeto no PM VISUAL foi inspirado no modelo KANBAN, criado pela Toyota em 1950 e também muito utilizado nos métodos ágeis, sobretudo no Scrum, sem nenhuma novidade. Esse modo permite que seja feito um controle visual do andamento das tarefas ou dos entregáveis.

O controle do andamento do projeto pode ser feito por meio de uma reunião periódica, na qual se informa o *status* de cada parte do Projeto.

Essa reunião pode ser feita diariamente, com duração de 15 minutos, duas vezes por semana ou uma vez por semana, mas o ideal é que seja diária.

A ideia é que toda a equipe tenha uma visão clara e visual do *status* atual do projeto.

Posteriormente, a partir dessa tela, o gerente de projeto pode atualizar o cronograma detalhado – utilizando qualquer *software* – e semanalmente gerar o *status report* para os executivos

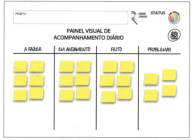

e outros interessados, conforme a frequência estabelecida no plano de comunicação.

A tela de controle do PM VISUAL contempla quatro áreas a serem preenchidas com informações a respeito dos ENTREGÁVEIS; são elas:

- A FAZER: tarefas a serem realizadas ou entregáveis a serem produzidos *no decorrer da semana*;
- EM ANDAMENTO: tarefas que estão sendo feitas ou entregáveis que estão sendo produzidos, iniciados minimamente na semana anterior;
- FEITO: tarefas ou entregáveis *concluídos na semana corrente*;
- PROBLEMAS: quaisquer ocorrências que surgirem que mereçam ficar em destaque como ponto de alerta até que se resolva se devem ser destacados com Post-Its® nessa área, preferencialmente deixando: ação que deve ser tomada, responsável e data limite para resolução.

Diariamente, pode-se registrar as realizações, ocorrências e andamento das atividades, para que todos os *stakeholders* tenham uma visão clara do que está ocorrendo.

135

6.1.1 VISÃO DA SEMANA

Nessa área, o gerente de projeto, juntamente com a equipe responsável pelo projeto, deverá colocar os ENTREGÁVEIS ou TAREFAS a serem produzidos ou iniciados ao longo da semana, ou que estão prestes a serem iniciadas – ainda que na semana seguinte.

Nessa área, o gerente de projeto deverá colocar os ENTREGÁVEIS ou TAREFAS que estiverem sendo executadas e que ainda não foram finalizadas.

Nessa área, o gerente de projeto deverá colocar os ENTREGÁVEIS ou TAREFAS que forem CONCLUÍDOS até o momento da reunião.

Nessa área, o gerente de projeto deverá colocar os ENTREGÁVEIS ou TAREFAS que deveriam ter sido concluídas ou iniciadas, mas que não aconteceram conforme o planejado e que têm algum entrave.
Além disso, devem ser colocados também os ENTREGÁVEIS ou TAREFAS que, apesar de estarem no prazo, tiveram algum problema e que devem ser tratados como IMPORTANTES e PRIORITÁRIOS, para evitar que problemas maiores surjam no decorrer do projeto. Para cada problema identificado é necessário determinar uma ação corretiva ou preventiva, uma pessoa responsável pela sua execução e uma data limite para resolução.

O controle do projeto feito pelo PM VISUAL — **CAPÍTULO 6**

Painel visual de acompanhamento diário

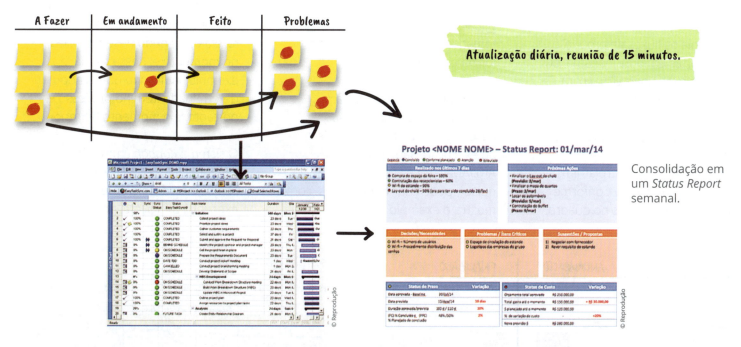

Atualização diária, reunião de 15 minutos.

Consolidação em um *Status Report* semanal.

Transferência das informações colhidas no *PULSE CHECK* para um *software* com cronograma detalhado. Esse procedimento deve ser feito semanalmente.

A partir do instrumento de controle do PM VISUAL, essa informação pode ser levada para um *software* no qual o cronograma do projeto esteja bem mais detalhado, para um acompanhamento mais minucioso, e a partir dele elaborar um *status report* para apresentar aos decisores: *sponsor*, cliente, ou comitê executivo do projeto.

6.1.2 KANBAN

Kanban é um cartão de sinalização que controla os fluxos de produção ou transportes em uma indústria, ou seja, é uma simbologia visual para controle e registro de ações. Para isso, faz-se uso de cartões ou Post-Its® que auxiliam a visualização do processo.

É muito usado para controlar fluxos de produção e estoque. Conforme a quantidade de cartões no quadro, as informações sobre o *status* de um processo podem ser facilmente visualizadas, e decisões podem ser tomadas mais rapidamente e de forma confiável.

Funciona da seguinte forma: faz-se um quadro no qual são descritas três etapas principais de execução. São elas: ESPERA, ANDAMENTO e FINALIZADO. Se você quiser, pode criar mais etapas, como mostra o exemplo ao lado.

Ao se pensar em um produto ou processo, coloca-se um cartão em cada etapa sinalizando que parte da tarefa está sendo desempenhada no momento e, dessa forma, por exemplo, indicando que acabou um determinado item no processo e, portanto, é o momento de repor.

O sistema *Kanban* é uma das variantes mais conhecidas do *Just in time* e foi desenvolvido por um executivo da Toyota, nos anos 1950.

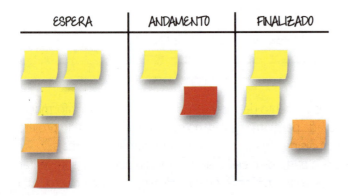

Exemplo de KANBAN

O controle do projeto feito pelo PM VISUAL  CAPÍTULO 6

6.1.3 STATUS REPORT DO PROJETO

Existem muitos modelos de STATUS REPORT utilizados pelas empresas. Nós sugerimos que seja utilizado um modelo que os americanos chamam de ONE PAGE REPORT, ou seja, todas as informações consolidadas em UMA ÚNICA PÁGINA.

Entretanto, é bom que o gerente de projeto esteja bem preparado, pois mais informações e maiores detalhes podem ser solicitados na reunião executiva.

6.1.4 REUNIÃO COM O SPONSOR

Os executivos sempre querem saber fundamentalmente duas coisas nessas reuniões: como está o PRAZO e o ORÇAMENTO. Muitas vezes, está tudo em ordem, ou seja, quando a previsão mostra que o prazo e os custos aprovados serão cumpridos dentro do estabelecido anteriormente. Que bom! Quando isso ocorrer, aproveite a reunião executiva com o sponsor ou o cliente, e enfatize os benefícios e os "bons fluídos" da ajuda do sponsor para que o projeto continue indo bem.

Se precisar de algum reforço em algum ponto do projeto, essa é a hora de pedir.

Mas se o projeto estiver indo mal, prepare-se muito bem e apresente alternativas para correção.

Modelo americano: ONE PAGE REPORT

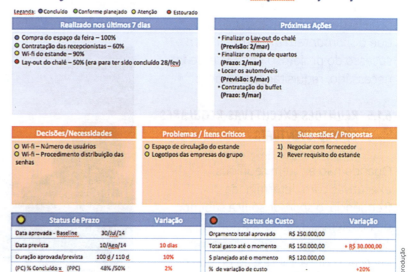

Entretanto, para que isso ocorra, essa reunião deve ser muito bem preparada. Tenha bem claro que, além de mostrar como está o projeto, o gerente de projeto deve saber como utilizar o que o *sponsor* tem a contribuir com o sucesso do projeto: o PODER, e, se for necessário, requisitar sua atuação.

6.1.5 REUNIÕES EXECUTIVAS REGULARES *VERSUS* EVENTUAIS

Quando não existem reuniões executivas com determinada frequência, o *sponsor* só fica sabendo de problemas, pois será acionado somente nessas ocasiões. Portanto, ele ficará com a impressão de que o projeto é "um problema" – para não falar outra coisa. Por isso, a melhor reunião com o *sponsor* é aquela na qual apresentamos o *status report*, tomamos café e falamos de amenidades. Isso será um bom sinal de que o projeto está com tudo em ordem.

Caso haja problemas a serem resolvidos, leve junto as SOLUÇÕES POSSÍVEIS. Caso contrário, pode ser que os problemas aumentem.

7

OS PARTICIPANTES DO PM VISUAL

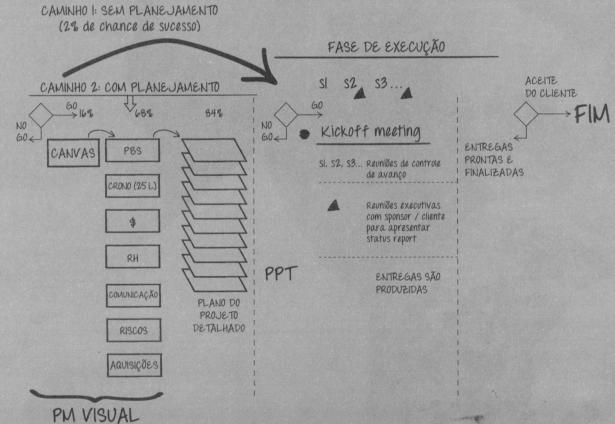

Os participantes do PM VISUAL — CAPÍTULO 7

7.1 Quando envolver os *stakeholders* na discussão de um projeto? Logo no iníco ou "mais para a frente"?

Muitas pessoas dizem que uma das grandes dificuldades é conseguir que uma pessoa se dedique 8 horas NO INÍCIO do projeto para "ajudar" no planejamento. Muitos dizem que não têm tempo ou que depois darão uma olhadinha. Pois saiba que **as pessoas que são necessárias e que não se envolvem nessas 8 horas iniciais certamente terão que se envolver muito mais horas em fases posteriores** a esse momento, e o mais grave, quando essas pessoas forem envolvidas, talvez muita coisa já tenha sido definida, e elas terão, portanto, poucas possibilidades para que suas sugestões e desejos sejam contemplados, ou, então, haverá um custo muito elevado para implementar qualquer modificação como pode ser visto no gráfico a seguir.

Quanto mais cedo as pessoas se envolverem no projeto, mais conseguirão contribuir com as definições e rumos que o projeto deve tomar.

OBSERVAÇÃO: Sobre a "ajuda" que coloquei entre aspas: as pessoas podem pensar que é ajuda, mas se estão sendo convocadas para a discussão de um projeto, certamente é porque adquiriram conhecimentos e/ou responsabilidades perante a empresa frente ao trabalho que estão desempenhando. Portanto, não é "ajuda" nenhuma, mas sim uma atividade pertinente ao trabalho que elas desenvolvem para a empresa.

Gráfico 7.1
Influência das partes interessadas durante o ciclo de vida do projeto

143

7.2 Quem deve participar do PM VISUAL

Um dos segredos do sucesso de todo o processo de planejamento é saber quem deve ser envolvido na elaboração do PM VISUAL.

Portanto, para atingir o melhor planejamento possível, procure envolver todas as pessoas que têm EXPERIÊNCIA, CONHECIMENTO e PODER DE DECISÃO e que de alguma forma podem colaborar com o projeto, de todas as áreas relacionadas, contemplando o conceito de multidisciplinaridade. Além do aspecto COLABORATIVO que já abordamos, os profissionais que têm conhecimento e podem agregar sentem-se valorizados, considerados e, por isso, demonstram muito interesse em participar. Somado a isso, acontece algo ótimo: **as pessoas que participam da elaboração do PM VISUAL sentem-se** donas do projeto e passam a defender toda sua concepção em vez de atacá-lo, acontecendo o chamado ENGAJAMENTO de aliados do projeto.

Algumas dicas a mais sobre quem convidar ou como estimular o convidado a participar da elaboração do PM VISUAL:

- Sabe aquele chato que sempre critica os gerentes de projeto e reclama dos prazos? Convide-o! Diga que a opinião dele é muito importante para esse projeto.

- Sabe aquele diretor que nunca quer se envolver e depois de um tempo diz que fizeram tudo errado? Chame-o também!

- Procure ver o aspecto político que pode favorecer o convidado.

- Procure mostrar que o envolvimento do convidado nessas 8 horas de planejamento poderá economizar muitas reuniões futuras e muitos retrabalhos, pela falta de sua participação, caso isso ocorra.

Características fundamentais para participar do PM VISUAL:
* *todas as pessoas que tiverem conhecimento sobre o projeto;*
* *todas as pessoas que tiverem poder para tomar qualquer decisão sobre o projeto.*

Os participantes do PM VISUAL — CAPÍTULO 7

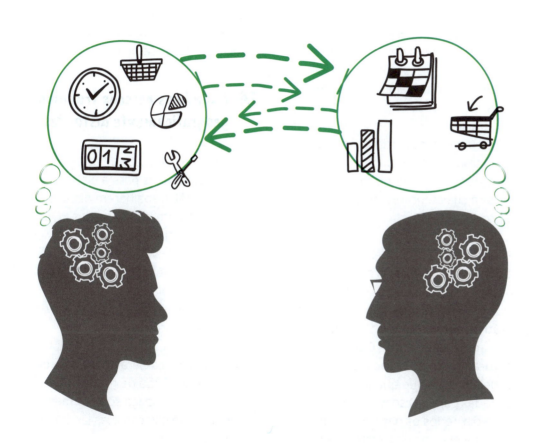

Muitas pessoas pensam, num primeiro momento, que um diretor, vice-presidente ou até mesmo um presidente de uma empresa encarariam a elaboração do PM VISUAL como algo não compatível com seu cargo hierárquico ou atribuições. Entretanto, na grande maioria das situações que vivo nas empresas – fazendo o PM VISUAL junto com essa turma –, todos os executivos demonstram gostar muito. Participam ativamente e fornecem contribuições que são da máxima importância para o resultado final do projeto, pois são pessoas que conhecem muito do negócio, sabem onde existem limitações, entendem onde poderá haver problemas e muitas vezes eles mesmos já propõem ótimas sugestões logo no início do projeto.

7.3 O escriba

Durante a elaboração do PM VISUAL, o grupo deverá eleger uma pessoa que será o "escriba" do grupo, o qual terá a responsabilidade de ficar com a caneta na mão, ser o agregador das ideias do grupo e transferi-las para o papel. Essa pessoa poderá ser o gerente de projeto ou não.

Por vezes, a personalidade do escriba poderá se sobressair no trabalho do grupo. Isso pode ser benéfico ou não para o resultado, dependendo do perfil da pessoa.

Se for uma pessoa muito detalhista, as discussões poderão se estender muito. Se for uma pessoa "briguenta", poderá gerar discussões acaloradas, dificultando o trabalho. Se for uma pessoa muito brincalhona, o foco poderá se perder e o grupo dispersar. Se for uma pessoa viciada no celular, isso atrapalhará e muito o trabalho do grupo, pois o tempo todo ela dividirá sua atenção, travando todo o processo.

Portanto, se for possível escolher, algumas características são desejáveis para que o trabalho flua melhor. **Que seja um profissional: sistêmico, prático, agregador, que saiba ouvir, que seja focado e que GOSTE naturalmente de planejar.** Sabe aquela pessoa que quando vai viajar de férias para a Disney detalha tudo, dia a dia, todos os passeios e custos em uma planilha de Excel? Essa é a pessoa ideal. Entretanto, atenção: cuidado com o 200% sistêmico, 200% prático... Equilíbrio! Procure realmente alguém com uma personalidade que apresente essas características citadas.

7.4 Quando as pessoas trabalham geograficamente distantes

Quando ocorrer o fato de as pessoas a serem envolvidas para a elaboração do PM VISUAL trabalharem distantes geograficamente, as chamadas EQUIPES VIRTUAIS, o trabalho pode ser feito por VIDEOCONFERÊNCIA, de forma que o gerente de projeto fique como líder do processo, colando os Post-Its® e promovendo a interação entre todos. O gerente de projeto pode:

1. posicionar a câmera do sistema de videoconferência de modo que as pessoas e o espaço sobre a mesa onde serão colocadas as lâminas do PM VISUAL apareçam;

Os participantes do PM VISUAL

CAPÍTULO 7

2. montar um arquivo Excel ou PowerPoint com as imagens das lâminas do PM visual. Uma dica para usar o PowerPoint: coloque as imagens das lâminas como *slide* mestre no PowerPoint e campos texto no slide normal. Isso possibilitará a digitação de uma forma muito tranquila.
3. usar o *software* do PM VISUAL, compartilhando a tela com as pessoas que estiverem em outra localidade. Nesse caso, acontecerá algo muito bom, em paralelo:

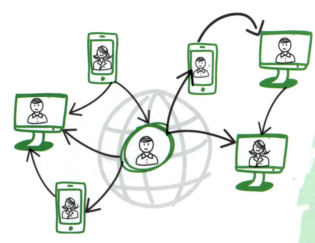

Conforme o grupo for discutindo e planejando o CANVAS, PBS, CRONOGRAMA e as demais lâminas em papel e Post-Its®, alguém já irá documentando os resultados das discussões no *software* do PM VISUAL. Acontece o chamado "dois coelhos com uma cajadada só": atende a pessoa distante e já documenta em uma ferramenta para posterior compartilhamento.

Dessa maneira, as pessoas remotas poderão visualizar tudo, não importando onde estão, e, assim, promover uma discussão como se estivessem juntos em uma mesma sala. Cada tela deve ser apresentada na reunião e deve-se fazer o processo completo, normalmente, como se estivessem todos reunidos na mesma sala: primeiro o CANVAS, depois o PBS, depois o CRONOGRAMA, e assim por diante.

DICA:
Quando se tratar das chamadas equipes virtuais, sempre que possível, o ideal é convidar a todos para um evento de lançamento do projeto, aproveitando a ocasião para realizar atividades de integração do grupo, como uma atividade de *team building*, além da realização do PM VISUAL. Quando os integrantes da equipe se conhecem pessoalmente, gera-se uma aproximação muito positiva para o andamento do projeto, devido ao sentimento de parceria, de companheirismo, que surge entre os envolvidos.

147

7.5 Como convidar as pessoas para participar

Um dos segredos do sucesso de todo o processo de planejamento é saber COMO convidar as pessoas que julgamos importantes para a elaboração do PM VISUAL. Para isso, a palavra mágica é **SENSIBILIZAÇÃO**. De alguma forma, o gerente de projeto terá que sensibilizar os potenciais colaboradores a participar.

1. UM ESPECIALISTA
- **Primeiro passo:** enalteça o conhecimento que a pessoa tem sobre o projeto.
- **Segundo passo:** procure deixar evidente o benefício da participação dele para ele mesmo no projeto.
- **Terceiro passo:** procure mostrar quais consequências terríveis a área dele ou a empresa poderá sofrer caso ele não participe – mas nunca em tom de ameaça, e sim ressaltando a importância dele no projeto.

2. UM ALTO EXECUTIVO
- Se for um diretor ou um executivo de alto grau hierárquico: fale um pouco dos problemas atuais já vislumbrados e dos potenciais ganhos que o projeto poderá trazer para a empresa. Evidencie o quanto o projeto precisa de alguém como ele nessas horas de discussão do projeto, devido ao conhecimento e poder que ele tem na empresa, e que a não participação dele nesse momento poderá ser muito crítica para o projeto, levando a possíveis retrabalhos e perdas financeiras enormes mais adiante. Convide-o a participar ao menos das 2 primeiras horas, quando será feita a geração do CANVAS, e, caso ele não possa participar de todo o PM VISUAL posteriormente, peça que indique alguém de sua confiança que possa participar do CANVAS, para poder já estar engajado, e das 6 horas subsequentes,

> **LEMBRE-SE:**
> Ninguém faz nada de graça! Qualquer trabalho adicional para uma pessoa trará o seguinte questionamento: "O que eu vou ganhar com isso?", e na sequência virá outro pensamento: "Se eu não fizer ou não participar, isso pode me afetar negativamente de alguma maneira?".

Os participantes do PM VISUAL — CAPÍTULO 7

quando será feito o desdobramento do CANVAS. Entretanto, é importante que esse alto executivo possa validar posteriormente tudo o que for discutido e definido pelo grupo, assim que o PM VISUAL todo for elaborado.

OBSERVAÇÃO:
Pode ser que depois de fazer o CANVAS, ele mesmo queira participar das 6 horas seguintes. Como sabemos que às vezes isso é difícil, é bom ter alguém para continuar em seu lugar, representando-o.

3. **PARA AMBOS, especialista e alto executivo**
   - Procure argumentar sobre a economia que o envolvimento deles no início do projeto poderá trazer ao longo de todo o trabalho, por definir tudo corretamente desde o princípio. Lembre-os de que são apenas 8 horas de dedicação, de investimento, que certamente irão render muitos frutos adiante.

4. **ÚLTIMO RECURSO: A FORÇA DO *SPONSOR***
   - Caso nenhuma forma de convencimento funcione, aí o jeito será "apelar". Converse com o *sponsor* e peça aquela ajudinha. Um e-mail pode resolver rapidamente e magicamente a situação, e todos se sentirão muito entusiasmados a participar. É INCRÍVEL!

LEMBRE-SE:
Se no KAIZEN as pessoas ficam 40 ou 80 horas juntas para planejar um projeto, o que são apenas 8 horas? E uma última coisa: se não conseguirmos envolver os principais conhecedores e decisores do projeto, será que esse projeto é importante mesmo, dentro do portfólio de projetos da empresa? E sem envolvê-los no planejamento, será que o projeto vai dar certo? Haverá comprometimento de todas as pessoas durante a fase de execução, posteriormente? Essas questões podem funcionar como um último apelo para dar o devido peso ao projeto dentro da empresa e assim conseguir a prioridade que ele merece.

7.6 Inteligência coletiva

A inteligência coletiva é um conceito que descreve um tipo de inteligência compartilhada que surge da colaboração de muitos indivíduos em suas diversidades. É uma inteligência distribuída, na qual todo o saber está nas várias pessoas envolvidas no processo.

Essa definição envolve vários processos como formação de consenso, capital intelectual e tomada de decisão conjunta, gerando "corresponsabilidade" sobre o que foi discutido e as posições assumidas pelo grupo.

Resumindo, é uma forma de o homem pensar e compartilhar seus conhecimentos com outras pessoas, e assim obter resultados melhores.

O planejamento em grupo é muito mais eficaz, rápido e assertivo do que o planejamento solitário!

O importante nesse conceito é reunir todos os *stakeholders* que têm conhecimento e poder de decisão a respeito de um projeto e colocá-los para trabalhar juntos por um períod de 2 a 8 horas, logo no início, para pensar de forma colaborativa, obtendo assim uma boa confiabilidade e proporcionando melhores resultados quanto às estimativas que serão assumidas perante a empresa.

O CANVAS de projetos do PM VISUAL é elaborado em cerca de 2 horas e proporciona ao menos 16% de chances de sucesso. O PM VISUAL proporciona cerca de 68% de chances de acerto do prazo e do custo – que para 8 horas de trabalho é um excelente número.

Além disso, o CANVAS de Projetos e o PM VISUAL facilitam muito os detalhamentos adicionais a serem feitos posteriormente, em *templates* e outra metodologia da empresa.

O nosso funcionamento intelectual é induzido por troca de conhecimentos e exposições do modo de pensar, confrontado com outros conceitos e conhecimentos existentes nas outras pessoas ou em alguma fonte externa. Todos os indivíduos têm a própria inteligência acumulada em suas vivências pessoais e devem ser respeitados por isso. A inteligência coletiva cria uma espécie de democracia em tempo real, uma vez que oferece possibilidades constantes de interação entre todos os *stakeholders* envolvidos.

Sugerimos que todos que têm conhecimento e poder de decisão a respeito do projeto participem da elaboração do CANVAS ou de sua expansão no PM VISUAL, inclusive aquele cara chato que trabalha na sua empresa – sabe aquele que

Os participantes do PM VISUAL — CAPÍTULO 7

sempre critica tudo? Esse mesmo. Por quê? Porque o projeto vai ganhar um grande aliado. Em vez de jogar pedra, ele vai defender o projeto; afinal, ajudou a fazer.

O percentual de confiabilidade aqui apresentado é fruto de uma mescla da estimativa PERT (*program and evaluation review technique*) e da técnica Delphi ou *estimate-talk-estimate*, e confirmado por meio da coleta de resultados de empresas que têm utilizado os métodos do CANVAS e do PM VISUAL.

Quando se faz uma estimativa baseada no conceito PERT, utilizam-se três estimativas, otimista, mais provável e pessimista, e aplica-se um cálculo para encontrar a média, dando um peso maior à estimativa mais provável. A conta é: PERT=(O+4MP+P)/6. Em seguida, calcula-se o desvio padrão, que é encontrado através da fórmula DP=(P−O)/6. Com base nisso, consegue-se projetar os resultados num gráfico, conforme apresentado a seguir, o que facilita visualizar os percentuais de chances de uma estimativa.

- 16%: de zero a −1 desvio padrão.
- 68%: de −1 a +1 desvio padrão.
- 84%: de zero à +1 desvio padrão.

Quando várias pessoas – especialistas que têm conhecimento a respeito do projeto – elaboram um projeto em conjunto, cada um expõe o seu racional e suas justificativas que irão convergir para um ponto central, muito próximo do real. Ocorre então o efeito da técnica Delphi – uma convergência mais aproximada, que leva a um consenso coletivo, e que vai estreitando próximo ao meio do gráfico, fruto da opinião de todos os envolvidos, sempre especialistas.

Um detalhe: a técnica Delphi pura é feita de forma anônima. Quando é feita através de encontros presenciais é denominada mini-Delphi ou *estimate-talk-estimate* (ETE).

Gráfico 7.2 Percentual do sucesso

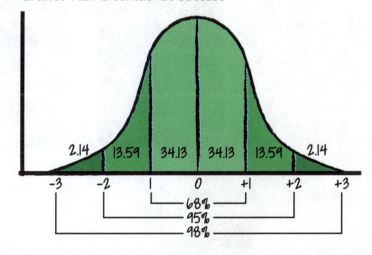

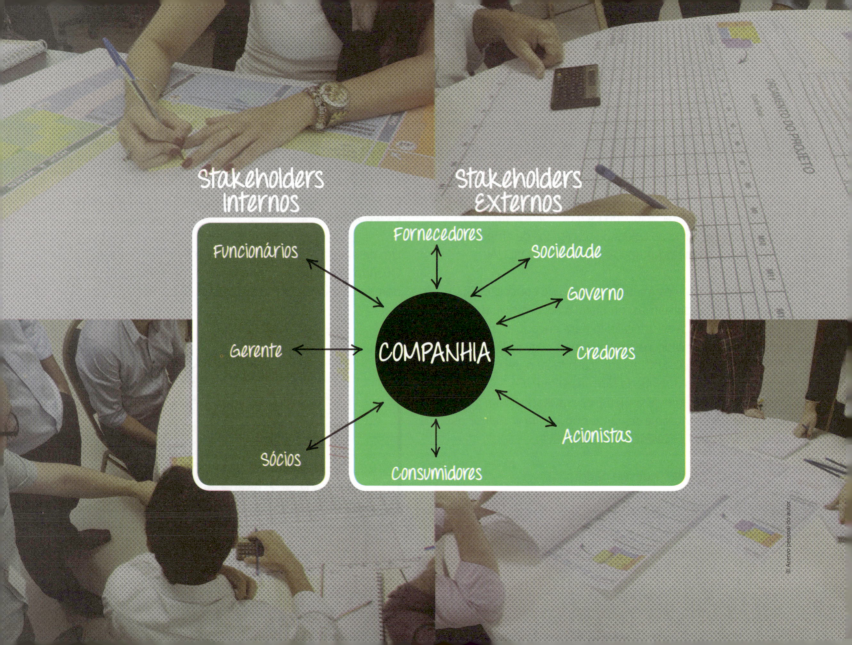

8
A APRESENTAÇÃO DO PLANO DO PROJETO

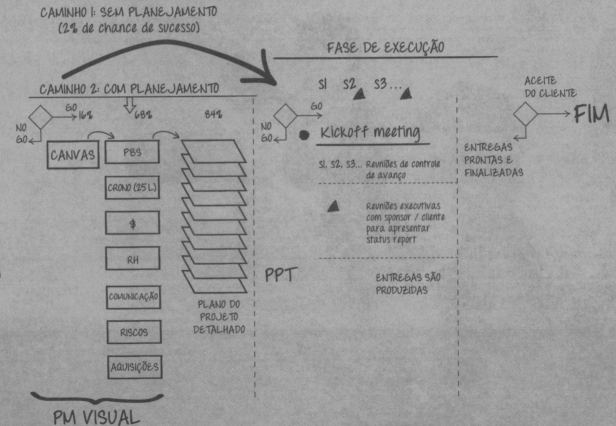

A apresentação do Plano do Projeto

CAPÍTULO 8

8.1 Como apresentar o plano do projeto

Para apresentar o Plano do Projeto, sugerimos a criação de uma apresentação em PowerPoint ou similar, contendo tudo o que foi produzido no PROJECT MODEL VISUAL, porém adaptado para uma apresentação executiva, pois, desse modo, todas as informações ficarão disponíveis em um único documento, facilitando a apresentação a todos os *stakeholders* do projeto.

Algumas sugestões devem ser observadas nessa etapa:

- Pense em uma apresentação que deverá ser feita em, no máximo, 20 minutos, de modo que reflita todas as informações necessárias para que todos os *stakeholders* tenham um completo e perfeito entendimento do projeto. **Observação importante: esteja preparado para fornecer maiores detalhes caso seja solicitado.**

- É necessário que essa apresentação tenha, fundamentalmente: uma visão geral do projeto, os objetivos – sempre de forma SMART –, o escopo que foi acordado, uma visão do cronograma, o orçamento, as áreas que deverão ser envolvidas durante o detalhamento do planejamento e, principalmente, a equipe necessária durante a execução do projeto, o organograma, a matriz de responsabilidades e as definições quanto às reuniões de acompanhamento, os riscos do projeto e seu retorno financeiro.

- Procure colocar logo no início uma CAPA com uma foto condizente com o projeto, seguida de uma AGENDA para mostrar a todos tudo o que será apresentado.

- Utilize imagens, gráficos e fotos para exemplificar e clarear o que estiver sendo apresentado. **Lembre-se: uma imagem fala mais que mil palavras!**

- Procure não colocar TEXTOS longos na apresentação, mas sim TÓPICOS organizados em *bullet points*, além daquelas tradicionais dicas de apresentação: de preferência fundo branco, cuidado ao utilizar outras cores como fundo, tamanho de fonte mínimo 20, idealmente 24, além de cabeçalho com logotipo da empresa e rodapé padronizados.

Veja nas páginas seguintes um possível exemplo de uma apresentação.

155

Exemplo de apresentação

No primeiro *slide* procure sempre colocar uma agenda contendo os tópicos que serão abordados. E depois, um ou dois *slides* para cada tópico, conforme as imagens desta e das próximas páginas

Projeto Light Food

AGENDA

- **VISÃO GERAL**
- OBJETIVO DO PROJETO
- ESCOPO
- CRONOGRAMA
- CUSTO
- RECURSOS HUMANOS
- PLANO DE COMUNICAÇÃO
- RISCOS

96% buscam informação sobre boa alimentação on-line

75% das pessoas usam um smartphone ou *tablet*

Pessoas do Ramo estão conectadas em média 25 horas/semana a um smartphone ou *tablet*

PORTANTO: Quem não acompanhar essa evolução, estará fora do mercado em pouco tempo

A apresentação do Plano do Projeto 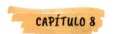 CAPÍTULO 8

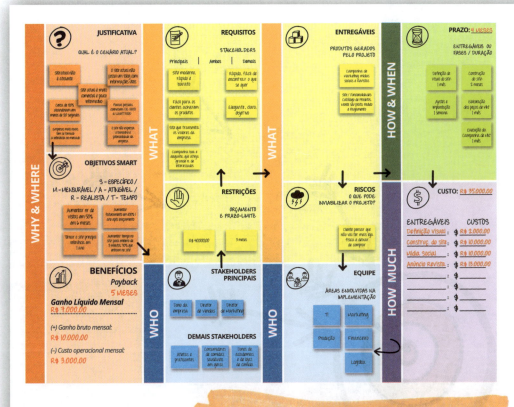

PARTICIPANTES:

- Rogério Pimenta
- Luciana Feitosa
- Ricardo Ferro
- Julio Massada
- Gisela Sa Udável

Projeto Light Food

AGENDA

- VISÃO GERAL
- **OBJETIVO DO PROJETO**
- ESCOPO
- CRONOGRAMA
- CUSTO
- RECURSOS HUMANOS
- PLANO DE COMUNICAÇÃO
- RISCOS

OBJETIVOS:

- Aumentar o número de clientes nas lojas em 30% em 1 ano.
- Atingir 4.000 seguidores nas mídias sociais em 6 meses.
- Atingir 150 clientes com compras mensais em 6 meses.

A apresentação do Plano do Projeto — CAPÍTULO 8

Projeto Light Food

AGENDA

- VISÃO GERAL
- OBJETIVO DO PROJETO
- **ESCOPO**
- CRONOGRAMA
- CUSTO
- RECURSOS HUMANOS
- PLANO DE COMUNICAÇÃO
- RISCOS

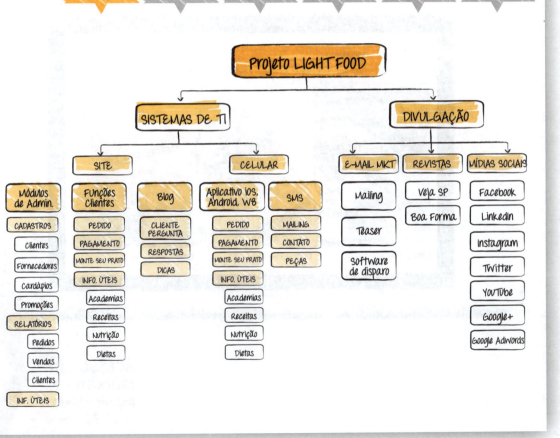

IDEIA DE TELA DO PORTAL LIGHT FOOD

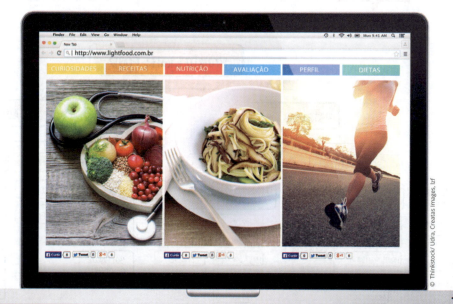

IDEIA DE TELA DO APLICATIVO LIGHT FOOD

ACESSO POR APLICATIVOS: iOS, Android e Windows

A apresentação do Plano do Projeto CAPÍTULO 8

Projeto Light Food

AGENDA

- VISÃO GERAL
- OBJETIVO DO PROJETO
- ESCOPO
- **CRONOGRAMA**
- CUSTO
- RECURSOS HUMANOS
- PLANO DE COMUNICAÇÃO
- RISCOS

Cronograma
Duração total: 5 meses

Projeto Light Food

AGENDA

- VISÃO GERAL
- OBJETIVO DO PROJETO
- ESCOPO
- **CRONOGRAMA**
- CUSTO
- RECURSOS HUMANOS
- PLANO DE COMUNICAÇÃO
- RISCOS

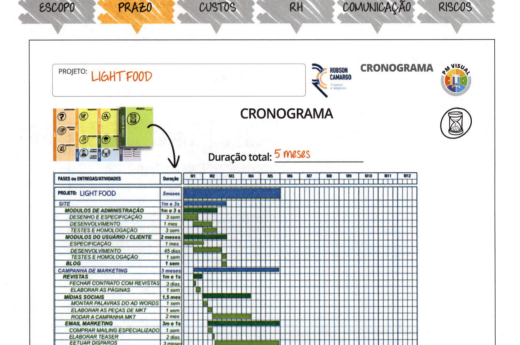

A apresentação do Plano do Projeto — **CAPÍTULO 8**

Projeto Light Food

AGENDA

- VISÃO GERAL
- OBJETIVO DO PROJETO
- ESCOPO
- CRONOGRAMA
- **CUSTO**
- RECURSOS HUMANOS
- PLANO DE COMUNICAÇÃO
- RISCOS

ESCOPO | PRAZO | **CUSTOS** | RH | COMUNICAÇÃO | RISCOS

CUSTO TOTAL DO PROJETO	R$ 396.000,00
Mão de Obra Interna	R$ 80.000,00
Mão de Obra Externa	R$ 220.000,00
Marketing Digital	R$ 36.000,00
MKT Impresso e Revistas	R$ 55.000,00
Software, Domínio e Hospedagem Inicial	R$ 5.000,00

Projeto Light Food

AGENDA

- VISÃO GERAL
- OBJETIVO DO PROJETO
- ESCOPO
- CRONOGRAMA
- **CUSTO**
- RECURSOS HUMANOS
- PLANO DE COMUNICAÇÃO
- RISCOS

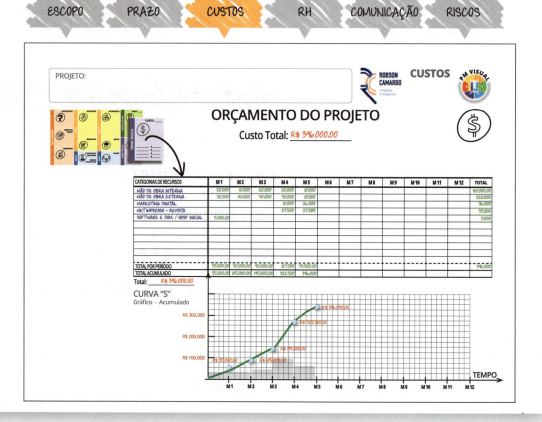

A apresentação do Plano do Projeto CAPÍTULO 8

Projeto Light Food

AGENDA

- VISÃO GERAL
- OBJETIVO DO PROJETO
- ESCOPO
- CRONOGRAMA
- **CUSTO**
- RECURSOS HUMANOS
- PLANO DE COMUNICAÇÃO
- RISCOS

Payback

RESUMO DA ANÁLISE FINANCEIRA	TOTAL
Investimento até o lançamento	R$ 396.000,00
Faturamento mensal incremental	R$ 80.000,00
Despesa mensal incremental	R$ 30.000,00
Lucro líquido incremental	R$ 50.000,00
Payback	**8 meses**

165

Projeto Light Food

AGENDA

- VISÃO GERAL
- OBJETIVO DO PROJETO
- ESCOPO
- CRONOGRAMA
- CUSTO
- **RECURSOS HUMANOS**
- PLANO DE COMUNICAÇÃO
- RISCOS

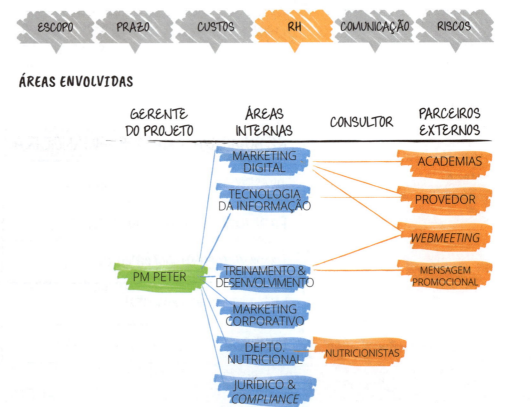

A apresentação do Plano do Projeto — CAPÍTULO 8

MATRIZ DE RESPONSABILIDADES

ÁREA/PERFIL RESULTADOS	TI 2 Analistas	MKT DIG. 2 Analistas	T&D 1 Analista	MKT CORP. Gerente	NUTRIÇÃO 1 Nutricionista	JURÍDICO 1 advogado	VENDAS Diretor
SITE	Desenvolve	Desenha	Treina adm. do *site*	Valida	Fornece conteúdo		Aprova
APLICATIVO	Desenvolve	Desenha		Valida			
MKT DIGITAL		Desenvolve e executa		Aprova			
MKT REVISTA				Providencia domínio			Apoia
REGISTROS	Providencia domínio					Providencia	

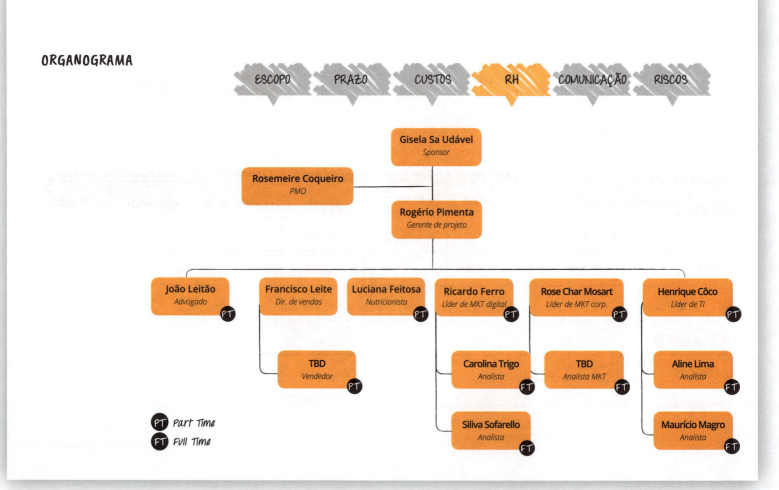

A apresentação do Plano do Projeto
CAPÍTULO 8

Projeto Light Food

AGENDA

- VISÃO GERAL
- OBJETIVO DO PROJETO
- ESCOPO
- CRONOGRAMA
- CUSTO
- RECURSOS HUMANOS
- **PLANO DE COMUNICAÇÃO**
- RISCOS

PLANO DE REUNIÕES

KICKOFF: de Planejamento
Participantes: GP + equipe de planejamento.
Objetivo: apresentar a demanda e elaboração do CANVAS.

KICKOFF: **Data**: _10_ / _08_ / _18_
Participantes: *sponsor*, GP, principal *stakeholder* e equipe.
Objetivo: apresentar plano do projeto, confirmação de comprometimento e *empowerment* ao GP.

Controle de avanço (semanal): **Dia da semana**: _2ª F_ **Horário**: _9_:_00_ às _10_:_00_
Participantes: GP + equipe
Objetivo: atualização de % de avanço das tarefas no cronograma e custos, análise da necessidade de ações corretivas e geração do *status report*.

Reunião executiva: **Dia da semana**: _3ª F_ **Horário**: _9_:_00_ às _10_:_00_. **Frequência**: Q (X) / M ( )
Participantes: *sponsor* + GP, cliente ou Comitê Executivo do projeto.
Objetivo: apresentar *status report* do projeto e tomar eventuais ações corretivas/preventivas necessárias.

169

Projeto Light Food

AGENDA

- VISÃO GERAL
- OBJETIVO DO PROJETO
- ESCOPO
- CRONOGRAMA
- CUSTO
- RECURSOS HUMANOS
- PLANO DE COMUNICAÇÃO
- **RISCOS**

MATRIZ P × I

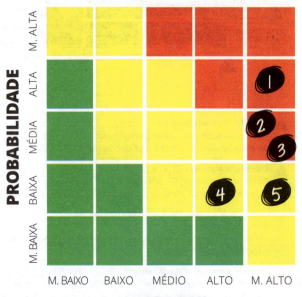

RISCOS

1. **Caso** a TI atrase com suas entregas, o projeto como um todo **poderá** atrasar.
2. **Caso** o aplicativo ou *site* fiquem muito lentos, os clientes **poderão** deixar de utilizá-los.
3. **Caso** os recursos humanos tenham outras prioridades, o projeto **poderá** atrasar.
4. **Caso** a campanha de marketing seja ineficaz, **poderá** comprometer o resultado.
5. **Caso** as Informações fiquem desatualizadas, o *site* **poderá** perder credibilidade.

A apresentação do Plano do Projeto CAPÍTULO 8

Projeto Light Food

AGENDA

- VISÃO GERAL
- OBJETIVO DO PROJETO
- ESCOPO
- CRONOGRAMA
- CUSTO
- RECURSOS HUMANOS
- PLANO DE COMUNICAÇÃO
- **RISCOS**

NOVA MATRIZ P × I COM RESPOSTAS

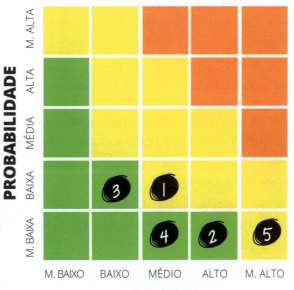

Respostas aos Riscos

1. Determinar a prioridade deste e dos demais projetos junto à TI e fazer uma programação realista de datas.
2. Detalhar especificação técnica, usar Java e definir servidores dedicados para armazenamento dos dados.
3. Definir quantidade de horas e período de cada recurso, acordar com os gerentes de área e *sponsor*.
4. Definir junto a especialistas o melhor *design* e frequência de comunicação para esse público.
5. Manter o nutricionista sempre atualizado e em constante contato com tendências e estudos mundiais.

171

8.2 Algumas considerações quanto à apresentação

8.2.1 QUANTIDADE DE SLIDES

Procure observar qual quantidade de *slides* a sua empresa está habituada a usar nas apresentações de projetos e busque um equilíbrio, procurando colocar todos os pontos que apresentamos aqui *versus* as expectativas e padrões adotados pela sua empresa.

8.2.2 OPÇÕES/ALTERNATIVAS

Se for possível, a apresentação do Plano do Projeto deverá conter mais de uma proposta, apresentando ALTERNATIVAS para a implantação do projeto, considerando em cada uma, fundamentalmente, escopo, quantidade de pessoas, prazo de implantação, custo, riscos e retorno do investimento.

8.2.3 FOQUE NOS RESULTADOS FINANCEIROS

Normalmente, os executivos colocam uma pressão no começo – nas fases iniciais do projeto –, pois já prometeram concluí-lo em um prazo curto, com pouco gasto, poucas pessoas envolvidas e, claro, trazendo um bom retorno financeiro. Muitas vezes, essas promessas são motivadas pela necessidade do mercado e do negócio, ou até mesmo por oportunidades do momento.

Os gerentes de projeto têm que entender uma coisa: os diretores não são loucos. Eles pressionam, pois focam em RESULTADOS que o projeto pode trazer, sobretudo, financeiro. Portanto, foque nisso! São necessidades do negócio.

Fale a linguagem deles!

Nessas situações, os executivos esperam ouvir OPÇÕES do gerente de projetos. Por exemplo;

 Opção 1: com 10 recursos, o prazo será de 6 meses, com um custo de R$ 100.000,00.

 Opção 2: com 25 recursos, o prazo será de 3 meses, com um custo de R$ 150.000,00.

 Opção 3: com 5 recursos, o prazo será de 10 meses, com um custo de R$ 90.000,00.

Além dos riscos e do retorno do investimento, é necessário mostrar ao menos o *payback* de cada uma das opções. O fato é que o líder do projeto não deve aceitar os desafios de prazo e custos incondicionalmente, sem organizar o projeto em uma apresentação muito bem elaborada e embasada. E lembre-se de mais uma coisa: sempre haverá questionamentos. O que quer que seja apresentado, será questionado, e o gerente do projeto, pressionado. Portanto, esteja preparado para responder todo tipo de questionamento.

9

TRANSFERINDO PARA A MÍDIA ELETRÔNICA

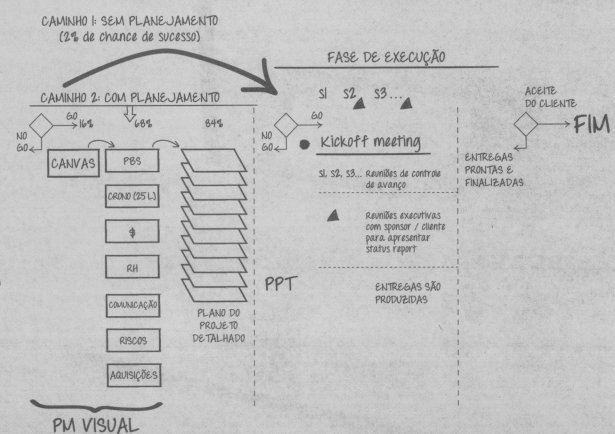

Transferindo para a mídia eletrônica CAPÍTULO 9

9.1 O meio eletrônico

Após elaborar todos os componentes do PM VISUAL utilizando as telas em papel A1, sugere-se que se coloquem os dados em um meio eletrônico, para que todo o conteúdo trabalhado possa ser compartilhado com todos os envolvidos.

Para tanto, para que todos os documentos gerados sejam armazenados em um meio eletrônico, o PM VISUAL possui um *software*, o qual poderá contemplar todos os elementos gerados durante a elaboração do projeto, sendo que todas as lâminas são uma reprodução fiel das lâminas em papel.

A seguir apresentamos o "Sistema PM VISUAL", o qual tem a mesma filosofia:

- SIMPLES;
- PRÁTICO;
- EFICIENTE.

As telas apresentadas neste livro foram baseadas no *software* do PM VISUAL, que pode ser encontrado no *site* www.pmvisual.com.br ou em www.robsoncamargo.com.br.

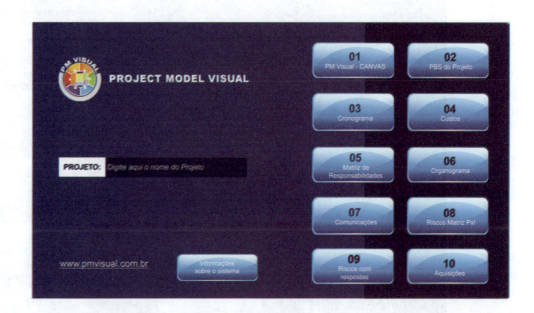

9.1.1 CAPA DO PROJETO

Colocar o nome do projeto, o qual será exportado automaticamente para todas as demais planilhas.

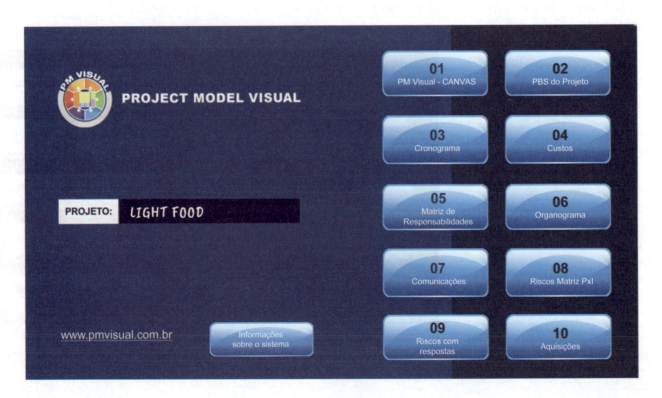

Transferindo para a mídia eletrônica — CAPÍTULO 9

9.1.2 CANVAS

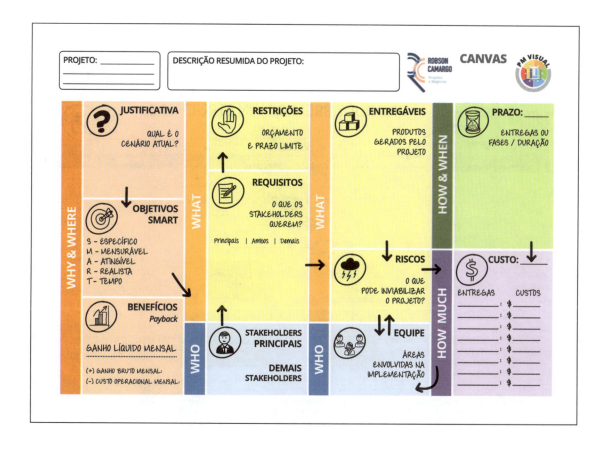

9.1.3 PBS

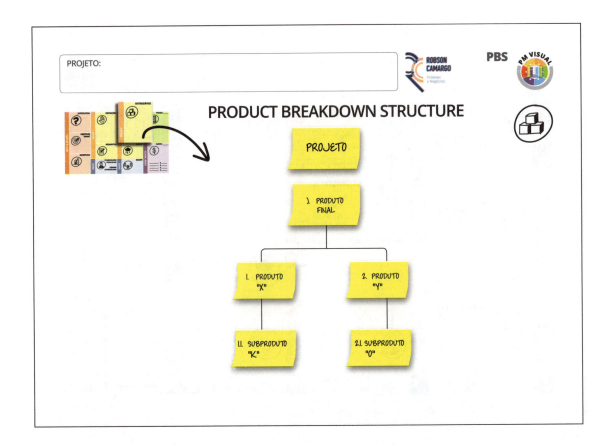

Transferindo para a mídia eletrônica

9.1.4 CRONOGRAMA

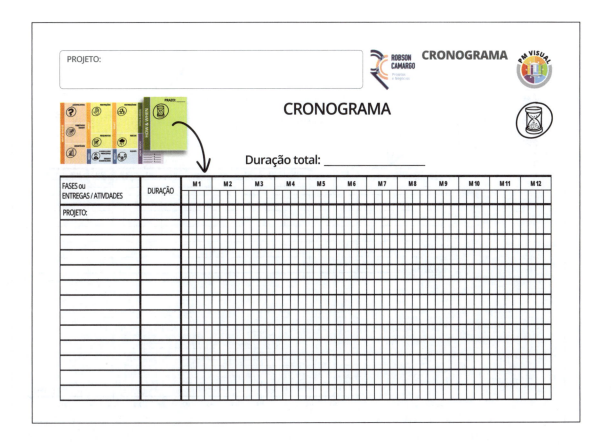

9.1.5 CUSTOS

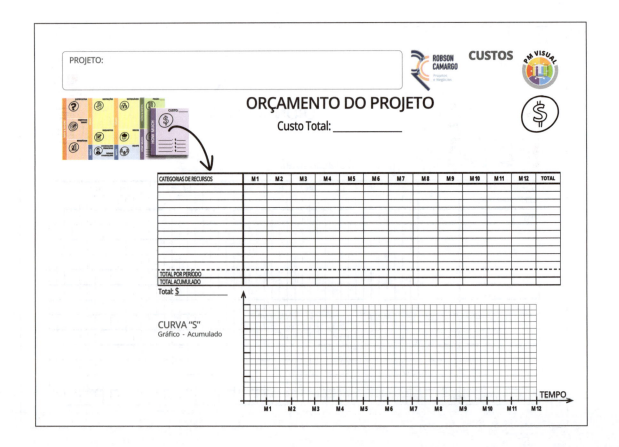

Transferindo para a mídia eletrônica 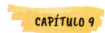 CAPÍTULO 9

9.1.6 RH - MATRIZ DE RESPONSABILIDADES

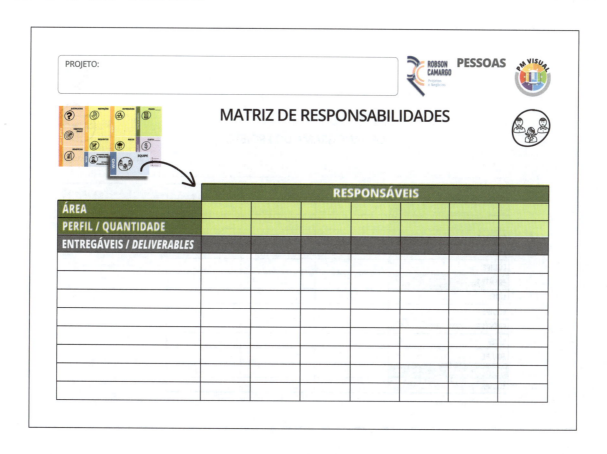

9.1.7 RH - ORGANOGRAMA

Transferindo para a mídia eletrônica

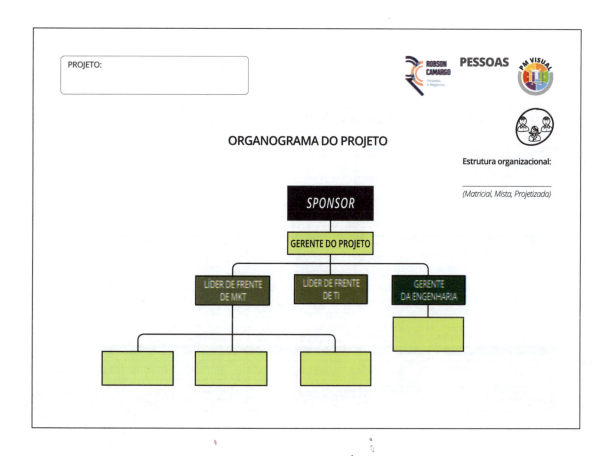

9.1.8 COMUNICAÇÕES

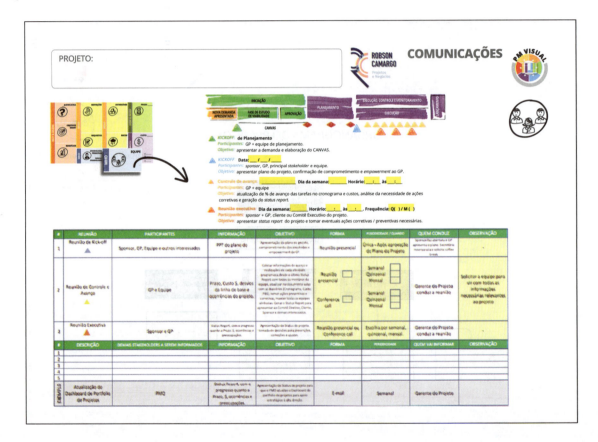

Transferindo para a mídia eletrônica — CAPÍTULO 9

9.1.9 RISCOS

PROJETO:

MATRIZ P × I

PROBABILIDADE					
5	5	10	15	20	25
4	4	8	12	16	20
3	3	6	9	12	15
2	2	4	6	8	10
1	1	2	3	4	5
	1	2	3	4	5

IMPACTO

PROBABILIDADE					
M. ALTA 5					
ALTA 4					
MÉDIA 3					
BAIXA 2					
M. BAIXA 1					
	M. BAIXO 1	BAIXO 2	MÉDIO 3	ALTO 4	M. ALTO 5

IMPACTO

RISCOS

Transferindo para a mídia eletrônica

9.1.10 MAPA DE AQUISIÇÕES

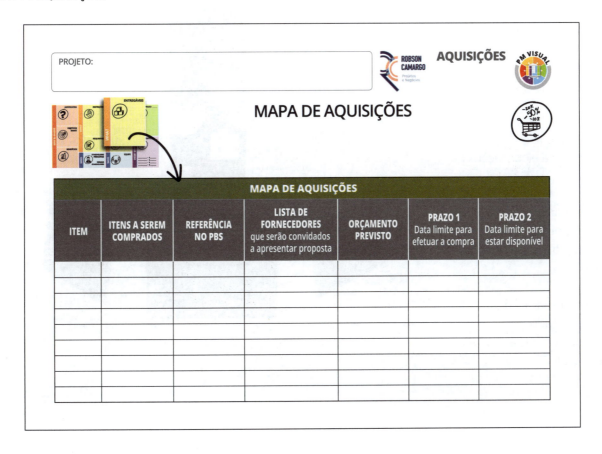

IMPORTANTE:
As telas em papel A1 cumprem bem uma função: a de proporcionar a discussão para que o trabalho seja feito de forma colaborativa.
E o meio eletrônico cumpre bem outras funções:

- documentar o que foi discutido durante a elaboração do PM VISUAL;

- permitir o compartilhamento de forma fácil, pois pode ser enviado por e-mail, por exemplo;

- já serve como preparação para ser apresentado, posteriormente, em uma reunião de *kickoff*.

10
DETALHAMENTO DO PROJETO

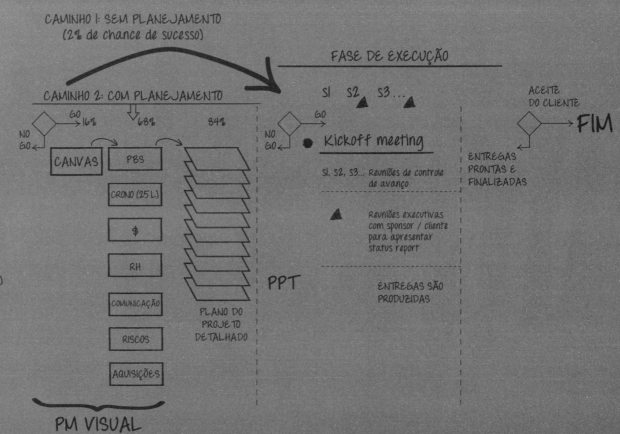

Detalhamento do projeto — CAPÍTULO 10

10.1 Agora, o gerente do projeto e sua equipe detalham o projeto

"PASTA CHIQUETOSA"

- VISÃO GERAL ← Termo de abertura/CANVAS
- ESCOPO ← Especificação de escopo + PBS + WBS
- PRAZO ← Cronograma detalhado
- CUSTO ← Orçamento detalhado
- RH ← Matriz de responsabilidades + Organograma
- COMUNICAÇÃO ← Planejamento de reuniões + Plano de comunicação
- AQUISIÇÕES ← Mapa de aquisições + Especificações
- RISCOS ← Riscos → Ações

Uma vez realizado o Plano de Projeto macro, de forma colaborativa, com as pessoas mais estratégicas, e decidido conduzi-lo pelo modelo cascata, pode ser que se faça necessário detalhar ainda mais o projeto, devido aos seguintes fatores:

- orçamento;
- tamanho do projeto;
- grau de complexidade;
- quantidade de áreas ou de pessoas envolvidas;
- importância do projeto dentro da estratégia da empresa;
- duração;
- outros fatores que a equipe julgar relevantes.

É preciso considerar que, muitas vezes, não há necessidade de detalhar todos os componentes do Plano de Projeto gerados pelo PM VISUAL. Entretanto, quando se faz necessário, pelo menos dois elementos são fundamentais: o detalhamento do escopo e o cronograma. De qualquer forma, todos os demais itens também poderão ser mais detalhados, conforme cada projeto.

Lembre-se: para um BOM PLANO DE PROJETO, deve-se detalhar o que for necessário e não fazer por fazer, simplesmente por uma questão de imposição de uma metodologia existente, por exemplo. Se assim for, sugerimos que o gerente de projeto converse com o guardião da metodologia, normalmente o PMO (*project management office*), para sugerir mudanças e aprimoramentos na metodologia. É quase certeza que na maioria dos casos esse guardião, que poderá ser o PMO da sua empresa,

estará aberto a mudanças. Afinal de contas, esse é um dos princípios da evolução e uma atitude muito comum de se encontrar nos PMOs em geral: sempre aberto a mudanças, afinal mudar é sinônimo de melhoria, sempre!

Ao detalhar todos os elementos necessários, sugerimos imprimi-los e guardá-los de forma organizada em uma pasta, separada por abas identificadas pela área de conhecimento correspondente: Escopo, Prazo, Custos, RH, Comunicação, Riscos, Aquisições e Gestão de Mudanças.

Por que sugerimos imprimir?
1. Porque facilita, em muito, a apresentação do projeto para quaisquer *stakeholders*;
2. é mais fácil para mostrar alguma evidência ou detalhamento em alguma reunião;
3. demonstra organização e clareza no projeto.

Experimente sugerir a um executivo, em alguma reunião, para ele entrar na intranet e olhar o Plano de Projeto que foi elaborado pelo computador! Sabe quantos o farão? Provavelmente nenhum. Essa pasta impressa chamamos carinhosamente de "pasta chiquetosa".
O que você coloca no papel fica óbvio e claro para todos.
O Plano do Projeto é tangibilizado quando impresso.
No computador, só você vê. Fica escondido!

Talvez, alguns possam estranhar o fato de não ter as áreas de QUALIDADE e STAKEHOLDERS nessa pasta: não há quaisquer problemas em inserir esses itens, porém existem algumas considerações a serem feitas:

Qualidade: é muito raro encontrar um Plano de Projeto que contenha um plano de qualidade. É comum as pessoas não saberem efetivamente o que colocar como critérios e métricas de qualidade ou, ainda, confundir critérios de qualidade com características do escopo do produto. Assim, a grande maioria acaba colocando tudo junto, na especificação do escopo. A rigor, o detalhamento da qualidade seria um refinamento do que for colocado na área de requisitos do CANVAS do PM VISUAL, ou seja, "o que o cliente quer que o(s) produto(s) do projeto tenham como características".

Exemplo:
Critério: tempo de resposta do sistema deve ser baixo.
Métrica: menos de 3 segundos.

Stakeholders: é muito importante que os *stakeholders* sejam identificados e que seja feita uma análise de poder e interesse sobre cada um deles. Porém, como o plano do projeto será um documento "de domínio público" dentro da empresa, pode ser que algumas informações não devam ficar disponíveis para todos, por precaução. Imagine um diretor lendo uma página que aponte que ele não é favorável ao projeto e que há uma estratégia para eliminá-lo do projeto? Ficaria no mínimo estranho ou muito desconfortável para o gerente do projeto e para um ou outro diretor também.

Detalhamento do projeto — CAPÍTULO 10

10.2 Plano do projeto detalhado em uma pasta

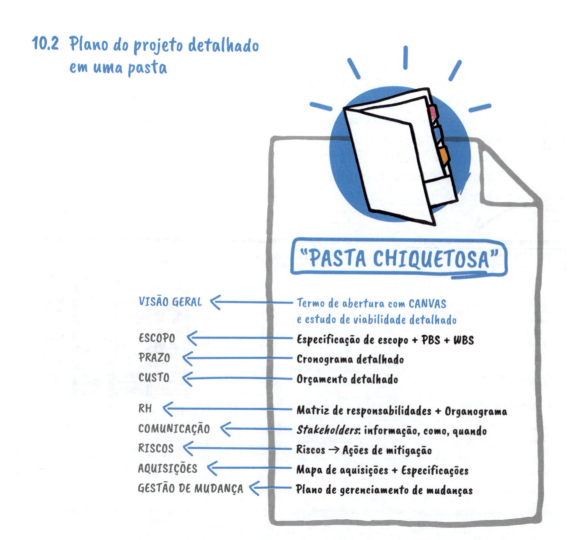

"PASTA CHIQUETOSA"

- VISÃO GERAL ← Termo de abertura com CANVAS e estudo de viabilidade detalhado
- ESCOPO ← Especificação de escopo + PBS + WBS
- PRAZO ← Cronograma detalhado
- CUSTO ← Orçamento detalhado
- RH ← Matriz de responsabilidades + Organograma
- COMUNICAÇÃO ← *Stakeholders*: informação, como, quando
- RISCOS ← Riscos → Ações de mitigação
- AQUISIÇÕES ← Mapa de aquisições + Especificações
- GESTÃO DE MUDANÇA ← Plano de gerenciamento de mudanças

10.2.1 TERMO DE ABERTURA DO PROJETO

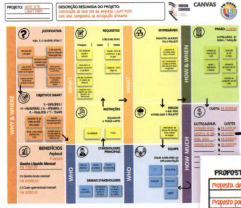

Nessa parte, o CANVAS deve ser colocado em um documento de Word ou de Excel.

Tudo o que foi feito no CANVAS DO PM VISUAL por meio dos Post-Its® **deve ser reescrito de maneira clara e precisa, tranformando as anotações em um arquivo eletrônico bem elaborado, de modo que** possa ser compartilhado com todos os interessados. Nesse documento sugere-se, também, incluir uma foto do CANVAS e o nome das pessoas que participaram de sua criação. Para muitos projetos, esse documento será realmente apenas o Termo de Abertura do Projeto, principalmente para projetos médios e grandes. Porém, para os pequenos projetos, este poderá ser o próprio Plano do Projeto. É quando os decisores entendem que, dado o tamanho do projeto, não há necessidade de um maior detalhamento.

Detalhamento do projeto — CAPÍTULO 10

10.2.2 ESTUDO DE VIABILIDADE FINANCEIRA

No mesmo documento ou em outro complementar, poderá existir um Estudo de Viabilidade Financeira mais detalhado, podendo, inclusive, considerar o custo do dinheiro no tempo, trazendo ao valor presente todas as futuras projeções de custos e de receitas oriundas do projeto, deixando uma análise bem mais confiável do que aquela feita em nível macro no CANVAS.

Pode ser que nesse momento descubra-se que a avaliação anterior foi equivocada sobre algum aspecto e é possível chegar à conclusão de que o retorno financeiro não se mostra tão atraente quanto se mostrou em um primeiro momento. Isso pode até sugerir o cancelamento do projeto.

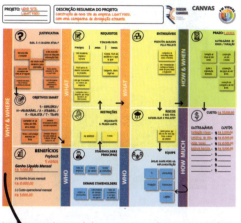

10.2.3 DETALHAMENTO DO ESCOPO

O PBS deve ser detalhado em um documento Word, o qual o Guia PMBOK® chama de Especificação de Escopo, incluindo imagens, fotos, desenhos, fluxos, de tal forma que fique o mais claro possível para todos os *stakeholders* O QUE o projeto vai entregar (produto) e COMO o trabalho vai ser realizado.

A especificação do escopo do projeto é a descrição detalhada do escopo do produto (entregáveis) e do escopo do projeto (trabalho necessário para produzir os entregáveis), além das premissas e restrições, de forma que fique claro para todos os *stakeholders*. Sugerimos que sejam destacadas também as exclusões, ou seja, o que não será entregue pelo projeto, mas que alguns *stakeholders* poderiam questionar em algum momento.

DETALHAMENTO DO ESCOPO DO PRODUTO: são as características do produto, serviço ou resultado esperados pelo projeto, descritas inicialmente no termo de abertura e detalhadas de forma progressiva. A partir das coletas dos requisitos junto aos *stakeholders*, o detalhamento do escopo do produto se torna mais amplo, aprofundado e detalhado.

196

10.2.4 "CRONOGRAMA DETALHADO"

Nesse ponto, o cronograma macro do projeto feito com 25 linhas no PM VISUAL já foi alinhado entre as principais cabeças e, portanto, já existe um acordo entre elas. Agora, o gerente de projeto e alguns membros da equipe poderão detalhar o cronograma em um *software* o máximo possível, utilizando até centenas ou milhares de linhas, idealmente fazendo com que todas as linhas do cronograma tenham, no máximo, 10 dias úteis de duração.

Esse cronograma deve ser organizado em FASES ou ENTREGÁVEIS (*DELIVERABLES*), procurando ficar dentro do prazo gerado pelo cronograma do PM VISUAL. Muitas vezes, isso não será possível. No entanto, provavelmente tenderá a ser muito próximo.

Outra consideração importante: o ideal é gerar duas versões de cronograma, sempre que possível:

- Uma versão considerando a equipe que a empresa tem de recursos disponíveis e que pode efetivamente se envolver no projeto (ou seja, tocar o projeto "KUKITEM" de gente, como chamo).

- Outra versão considerando a equipe ideal necessária para cumprir a data programada – a equipe dos sonhos, ou aquela que vale a pena colocar no projeto visando cumprir a data de entrega. Como conseguir esses recursos? Com o apoio do *sponsor*. E caso a empresa não os tenha?

Terceirizando! Contratando esses recursos necessários pelo tempo do projeto. Faça o *business case* detalhado e mostre que vale a pena.

Na sequência, deve-se fazer uma análise de custos, retorno financeiro e riscos em cada uma das opções e então tomar a decisão pelo melhor caminho a seguir, junto com o *sponsor* do projeto.

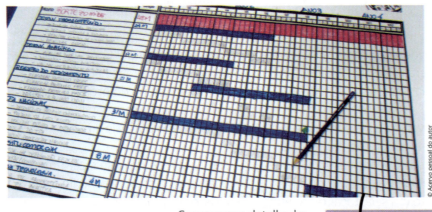

Cronograma do PM VISUAL em 25 linhas

Cronograma detalhado: cada linha com no máximo 10 dias úteis

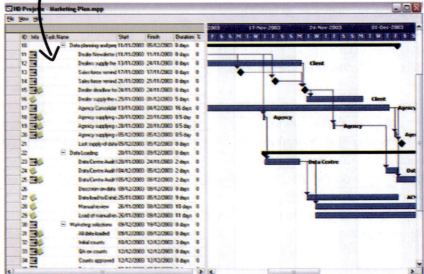

10.2.5 "CUSTOS" DETALHADOS

Caso seja necessário, os custos do projeto poderão ser ainda mais detalhados.

O grau de detalhamento dependerá de vários fatores, conforme já mencionado, tais como tamanho, grau de complexidade, duração, custo, entre outros.

No detalhamento do orçamento, devem ser contemplados todos os custos envolvidos no projeto: mão de obra interna, mão de obra externa, equipamentos, recursos, consultorias, dentre outros. Além disso, deve ser gerado o fluxo de desembolso acompanhado de dois gráficos:

- 🪁 Custo acumulado (gráfico de linha)
- 🪁 Custo mensal (gráfico de barras)

Desse modo o gerente de projetos conseguirá controlar os custos semanalmente e reportar a todos os interessados as previsões orçamentárias.

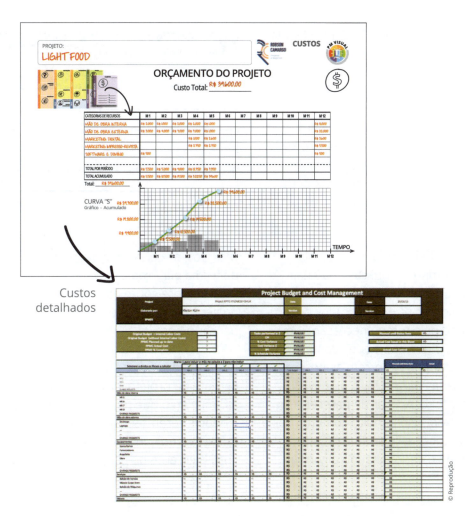

Custos detalhados

10.2.6 EQUIPE DO PROJETO DETALHADA

Nesse ponto, os perfis dos profissionais alocados no projeto deverão virar NOMES, ou seja, é a hora da alocação efetiva de quem vai trabalhar no projeto de fato, pois no PM VISUAL pensou-se apenas em PERFIL e QUANTIDADE de cada perfil, sem falar em nomes na maior parte das vezes.

MEMBROS DA EQUIPE	DADOS DE CONTATO			
NOME COMPLETO	E-MAIL	RAMAL Tel. comercial	CELULAR	ÁREA

Esses profissionais podem ser da própria empresa, ou, caso não haja disponibilidade ou expertise interna, poderá optar-se por buscá-los no mercado pelo tempo necessário ao projeto. O que não pode acontecer é executar o projeto sem as pessoas necessárias para fazer o que tiver que ser feito. Apesar de parecer meio óbvio, isso é muito comum de acontecer, e quando o projeto vai sendo tocado faltando alguns recursos, as coisas não acontecem da forma planejada, e a culpa recai sempre sobre os ombros do gerente de projeto que tentou bancar o herói.

É comum o *sponsor* dizer para o gerente de projeto: "Vá tocando assim, com o que temos de gente, e depois veremos". Esse "depois" muitas vezes nunca chega, e, ao final, o gerente de projeto vira "o pecador". O projeto precisa de seres encarnados! Senão, a coisa não sai!

Uma vez definidas as pessoas, deve-se manter um documento que contenha todos os dados dos participantes, tais como e-mail, telefones, área e outras informações que julgar necessárias. Além, é claro, de definir com clareza o papel de cada um.

Detalhamento do projeto — CAPÍTULO 10

10.2.7 "RISCOS" DETALHADOS

Uma vez feita a análise qualitativa dos riscos através da matriz P × I (probabilidade *versus* impacto) no PM VISUAL, pode ser feita agora a análise quantitativa, ou seja, quantificar a PROBABILIDADE em termos PERCENTUAIS e os IMPACTOS em termos financeiros de cada risco identificado, individualmente.
A análise quantitativa é muito mais rica e precisa do que a análise qualitativa, porém poucas empresas a fazem.

Além disso, é preciso estimar os custos de cada resposta identificada, sendo que esse custo deve ser menor que o valor monetário esperado (VME) do risco em questão.

VALOR MONETÁRIO ESPERADO (VME) é a multiplicação da probabilidade percentual pelo potencial impacto financeiro do risco.

Com base nessas estimativas numéricas, pode-se gerar o que chamamos de RESERVA DE CONTINGÊNCIA DO PROJETO, que é a somatória do VME de todos os riscos.

Baseline de custos do projeto:

Soma do **orçamento** inicial
+
Custos das **respostas** aos riscos
+
Reserva de contingência

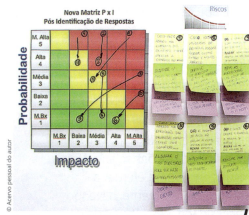

Análise quantitativa dos riscos.

10.2.8 "Aquisições" detalhadas

No mapa de aquisições foram identificadas todas as necessidades a serem adquiridas junto a fornecedores externos, tanto os produtos quanto os serviços necessários. Entretanto, talvez as informações colocadas em cada linha do mapa de aquisições sejam insuficientes para efetuar a compra corretamente, havendo necessidade, nesse caso, de uma especificação mais detalhada sobre cada item.

Essas especificações podem variar desde características técnicas, funcionais, de capacidade, até marca, tipo, código de produto, de tal modo que seja praticamente impossível cometer qualquer equívoco na compra devido a uma má especificação.

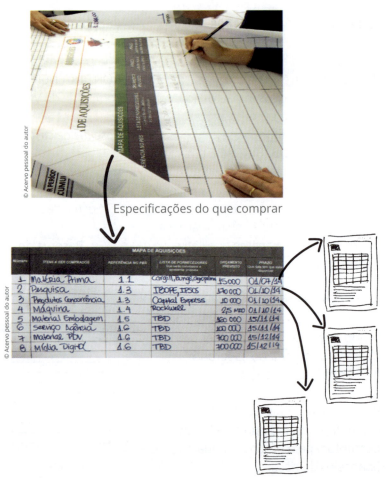

Especificações do que comprar

Cada linha vira um detalhamento, uma ESPECIFICAÇÃO

Detalhamento do projeto — CAPÍTULO 10

Resumo dos produtos gerados no planejamento

Origem (a partir da)	Produto gerado no PM VISUAL	Duração	Detalhamento na "PASTA CHIQUETOSA"	Tipo de arquivo
Necessidade/Ideia	CANVAS	2 horas	Termo de abertura e estudo de viabilidade financeira	.DOC e .XLS
Área do CANVAS ENTREGAS	PBS	1 hora	Detalhamento do escopo	.DOC
Área do CANVAS PRAZO	Cronograma de 25 linhas	1 hora	Cronograma detalhado	.XLS, .MS Project ou outro *software*
Área do CANVAS CUSTOS	Custos com fluxo de caixa	1 hora	Orçamento detalhado	.XLS
Área do CANVAS RH	Matriz de responsabilidades, organograma e plano de comunicações	1 hora	Complemento com nomes e informações pessoais	.XLS
Área do CANVAS RISCOS	Matriz P × I (probalidade e impacto)	1 hora	Análise quantitativa	.XLS
Área do CANVAS ENTREGAS	Mapa de aquisições	1 hora	Especificação detalhada de cada linha do mapa	.DOC

TOTAL 8 HORAS

TOTAL: n dias, semanas ou meses

10.3 Percentual de chances de sucesso conforme o nível do detalhamento

O grau de sucesso de um projeto está intimamente ligado ao grau de detalhamento do Plano do Projeto. Portanto, quem leu este livro não tem mais desculpas para furar um prazo de projeto, ou pelo menos já sabe prever a porcentagem de chances com a qual pretende entrar na fase de execução, ou seja, com 2,25%, 16%, 68% ou 84%, conforme o nível de detalhamento. A escolha agora passa a ser sua!

Perceba que na ilustração há três pontos de aprovação (GATEs,* como é chamado fora do Brasil, e adotado por algumas empresas brasileiras também).

---

* Gate: Portão, ponto de tomada de decisão, ponto de aprovação, dizemos "GO" ou "NO GO" do projeto.

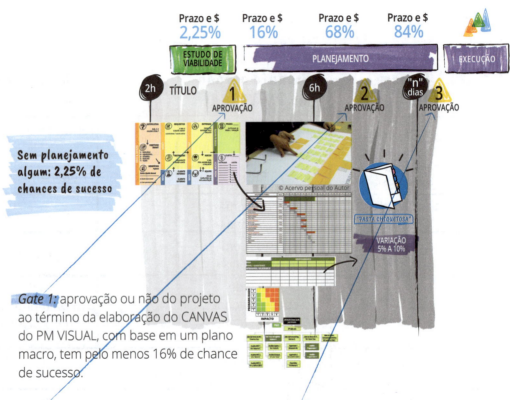

Gate 1: aprovação ou não do projeto ao término da elaboração do CANVAS do PM VISUAL, com base em um plano macro, tem pelo menos 16% de chance de sucesso.

Gate 2: aprovação ou não do projeto ao término de todo o PM VISUAL, após a expansão do CANVAS, em um grau de detalhamento maior que no CANVAS, com 68% de chances de sucesso.

Gate 3: aprovação ou não do projeto após a elaboração do Plano do Projeto tradicional e completo bem mais detalhado, com 84% de chance de sucesso.

Detalhamento do projeto CAPÍTULO 10

10.4 Últimas considerações

Após o Plano do Projeto estar completamente detalhado, esse deverá ser aprovado pelos principais *stakeholders* e, caso exista alguma variação de prazo e custo em relação ao que foi estimado no PM VISUAL, os decisores deverão avaliar se ainda vale a pena implementar o projeto.

Se não valer, esse é o último momento em que ainda é possível cancelar o projeto. Após esse momento, o projeto deverá ser executado até o seu final, a menos que ocorra alguma variável externa que não se podia prever e que faz o projeto perder sua prioridade frente aos objetivos estratégicos da empresa.

1. **Plano de Projeto aprovado**
Uma vez que o Plano do Projeto foi APROVADO, execute o projeto conforme planejado! Com previsibilidade, tranquilidade, segurança, equipe motivada, e para que, ao final, você possa colher os frutos prometidos pelo projeto!

2. **Para encerrar**
O gerente de projeto, assim como em qualquer profissão, deve sentir prazer em fazer o que faz e e deve se sentir ÚTIL. Esse será o termômetro para indicar se a gestão do projeto está sendo feita da forma correta. Se não estiver, corrija as rotas. Se estiver, ótimo, celebre. De qualquer forma, faça sempre de forma a se sentir em paz fazendo o seu melhor, observando princípios e valores éticos. E por último:

Seja feliz na sua vida profissional, concluindo seus projetos com êxito total!

Referências

1. CAMARGO, R. PM Visual: planejando projetos em 8 horas. *Revista Mundo PM*, v. 60, p. 20-27, dez. 2014/jan. 2015. Disponível em: <http://pmvisual.com.br/wp-content/uploads/2015/01/artigoPMVisual_mundopm.pdf>. Acesso em: 8 mar. 2015.
2. HASHIMOTO, M. Você sabe o que é design thinking? *Pequenas empresas e grandes negócios*. Disponível em: <https://www.polifonia.com.br/blogpoli/2017/12/6/voc-sabe-o-que-design-thinking>. Acesso em: 8 mar. 2016.
3. KEZNER, H. *Project management:* a system approach to planning, scheduling and controlling. 10. ed. New York: Wiley, 2010.
4. LEAN INSTITUTE BRASIL. Disponível em: <http://www.lean.org.br>. Acesso em: 8 mar. 2015.
5. OFFICE OF GOVERNMENT COMMERCE. *Managing successful projects with PRINCE2*. Norwich: The Stationery Office, 2009.
6. OSTERWALDER, A.; PIGNEUR, Y. *Business model generation:* inovação em modelo de negócios. São Paulo: Alta Books, 2010.
7. PLATTER, H.; MEINEL, C.; LEIFER, L. *Design thinking*: understand - improve - apply. New York: Springer, 2011.
8. FINOCCHIO JR. J. *Project model canvas.* Rio de Janeiro: Elsevier, 2013.
9. PROJECT MANAGEMENT INSTITUTE (PMI). *Um guia do conhecimento em gerenciamento de projetos* (Guia PMBOK). 5. ed. São Paulo: Saraiva, 2015.
10. QUELHAS, O.; BARCAUÍ, A. B. *A teoria das restrições aplicada à gerência de projetos*: uma introdução a corrente crítica, 2008. Disponível em: <https://www.pmtech.com.br/newsletter/Marco_2005/TOC_e_CCPM_em_GP.pdf>. Acesso em: 11 out. 2018.
11. STRATEGYZER. The business model canvas. Zurich, 2016. Disponível em: <http://www.businessmodelgeneration.com/canvas/bmc>. Acesso em 8 mar. 2016.
12. THE STANDSH GROUP. *Chaos Manifesto 2012*: the year of the executive sponsor. Disponível em: <https://cs.calvin.edu/courses/cs/262/kvlinden/resources/CHAOSManifesto2012.pdf>. Acesso em: 11 out. 2018.